JN024419

GENJIN刑事弁護シリーズ㉙

ケース研究 責任能力が問題となった裁判員裁判 Part2

日本弁護士連合会・日弁連刑事弁護センター／
日本司法精神医学会・精神鑑定と裁判員制度に関する委員会[編]

現代人文社

はしがき

　2009年5月から「裁判員の参加する刑事裁判に関する法律」（以下、「裁判員裁判法」という）が施行されたことにより、裁判員裁判法対象事件はもとより、その他の刑事裁判の審理にも大きな変化がみられるようになった。それに伴って、精神科医の行う刑事責任能力鑑定の実施方法や鑑定結果の報告にも大きな変化が生じている。裁判員裁判においては、難解な法律概念や法律用語を、一般市民である裁判員にもわかりやすく説明し、その理解を得たうえで評議を行うことが求められている。これと同様に鑑定を行う精神科医にも、精神医学に関する専門知識や経験をもたない一般市民にも理解できるように、わかりやすい鑑定結果の報告を行うことが求められるようになっているといえよう。そのことの当否はおくとしても、裁判官、検察官、弁護士は、精神医学の専門家としての訓練を受けているわけではないことを考えれば、精神医学に関する専門知識や経験をもたない人であっても理解できるような鑑定結果の報告を行うことは、裁判員裁判以前の精神鑑定においても必要とされていたことであったともいえよう。精神科医が裁判員にもわかりやすい鑑定結果の報告を行うためには、まずは、法曹三者にもわかりやすい鑑定結果の報告を行うことが必要であり、そのためには精神科医と法律実務家が事例をもとに議論し、相互理解を深めていくことが望ましいといえよう。

　2011年から日本司法精神医学会と日本弁護士連合会は、裁判員裁判における精神鑑定の在り方について、具体的な事例をもとに検討を行っていくという方針のもとに、協議会を開催してきた。司法精神医学会からは、精神鑑定と裁判員制度に関する委員会の委員が参加し、日弁連刑事弁護センターのメンバーとともに、責任能力が問題となった裁判員裁判事例に関する事例検討を行ってきた。協議会における検討の成果は、『ケース研究　責任能力が問題となった裁判員裁判』として2019年に公刊された。さいわい、同書は、精神科医と法曹実務家の対話をもとに生まれたこれまでにない書籍として、好評を得ることができた。本書『ケース研

究　責任能力が問題となった裁判員裁判Part 2 』は、その続刊である。協議会で取りあげた事例が掲載されているのは、前書と同様であるが、本書では、裁判員裁判の対象事件ではないが、最近、責任能力が争われることが多くなっている窃盗を繰り返す事例も取りあげられている。裁判員裁判の対象とはならない軽微な事件の精神鑑定にもさまざまな課題があり、こうした事例を取りあげることは、時宜にかなったことといえよう。

　当協議会を通じて、日本司法精神医学会の委員会委員は、多くの裁判員裁判における精神鑑定事例の情報に接し、日弁連のメンバーと協議する機会を得ることができた。その検討の成果の評価については、本書の読者にゆだねることとして、こうした検討の場をもつ機会を与えていただいた日本弁護士連合会に対して、改めて、心から深謝の意を表したい。

　日本司法精神医学会と日本弁護士連合会による協議会の研究成果をまとめた本書が、出版され、広く一般に公開されることは、法と精神医学の対話という観点からも重要な意義を持つものと思われる。前書に続き、本書が、裁判員裁判における精神鑑定の課題や問題点を検討していくための資料やきっかけとなれば、望外の喜びである。

2021年11月
日本司法精神医学会理事長
精神鑑定と裁判員制度に関する委員会委員長
千葉大学社会精神保健教育研究センター法システム研究部門教授
五十嵐禎人

はしがき

　本書は、「Part2」というタイトルが示すとおり、2019年11月に発刊された『ケース研究　責任能力が問題となった裁判員裁判』(以下、「Part1」という)の続編である。Part1で報告された10件の報告に加え、新たに11件の報告と、それぞれに弁護士及び精神科医がコメントしたものである。その内容は、日本弁護士連合会の刑事弁護センター内にある責任能力プロジェクトチーム(田岡直博座長)での研究を基礎としたものであるが、その発刊の経緯や意義は、Part1と基本的に同じであるので、Part1の西村健刑事弁護センター委員長(当時)の筆による「はしがき」から一部を引用させていただこう。

　　日本弁護士連合会は、裁判員制度の施行に伴い、裁判員本部に精神鑑定研修プロジェクトチームを設置し、責任能力が争われる事件の判決書の収集及び分析並びに研修を実施することとした。2014年6月には裁判員本部を日弁連刑事弁護センターに統合し、責任能力プロジェクトチーム(旧責任能力小委員会)に改変して、その活動を継承することとした。その成果として、既に日弁連刑事弁護センター編『責任能力弁護の手引き』(現代人文社、2015年)(共著)、田岡直博「裁判員裁判における責任能力判断──日弁連での判決分析から」季刊刑事弁護69号(2012年)、田岡直博「裁判員裁判における責任能力判断の変化──判決一覧表の分析(1)～(4・完)」季刊刑事弁護93号、96号、97号、98号(2018～2019年)などが公表されている。

　　もとより、責任能力が問題となる事件の弁護活動の在り方を検討するには、精神科医の先生方の協力が不可欠である。精神鑑定書の読み方一つとっても、弁護人には理解が難しい。複数の精神科医の先生方からご意見を伺うことで、理解を深めることができる。また、尋問の在り方についても、尋問を受ける証人(鑑定人)の立場からの

意見を伺うことで、尋問の在り方を検証することができる。このような問題意識から、日本弁護士連合会では、日本司法精神医学会裁判員制度プロジェクト委員会のご協力を得て、定期的に協議会を開催してきた。そこでは、責任能力が争われた事件の弁護人を招いて、精神鑑定と弁護活動を報告してもらい、精神科医と弁護士による共同検討を行ってきた。

（以上、引用終わり）

　Part1発刊当時、上記協議会の開催回数は27回を数えていたが（2019年8月時点）、さらに5回の協議会を重ね、2021年12月現在での開催回数は32回となっている。本書は、この新たな5回の協議会で研究の対象となった事例も含め、全32回の協議会の中から、実務上参考となる事例を新たに選りすぐり、その研究成果をまとめたものである。新型コロナウィルス感染拡大という未曾有の事態の中、地道な協議検討を重ねて、本書を送り出した、日本司法精神医学会の先生方及び責任能力プロジェクトチームのメンバーには、この場を借りて、心から敬意を表するとともに、深く感謝を申し上げたい。

　Part1及び本書からは、事例に学ぶことの重要性を改めて痛感させられる。とりわけ責任能力という、複雑難解である上、精神医学と刑法学、刑事訴訟法、特に裁判員裁判実務が交叉する困難な領域において、先例に学ぶことの意義は大きい。裁判員裁判において責任能力を争う事例は今後も多いと思われるが、個々の弁護士の経験は限られる。これから責任能力を争う事例に直面する弁護士にとって、Part1とともに本書は、必携の書となるであろう。

　他方で、裁判員制度の導入をはじめとする刑事司法の大きな変革とともに、精神医学の発展もあり、鑑定の在り方や弁護活動など、責任能力をめぐる刑事司法の実務の変容も大きい。そのような変化の中で、責任能力をめぐって、被疑者、被告人の人権が不当に侵害されないよう、弁護人には不断の努力が求められる。本書は、その将来への努力のためにも、

貴重な教訓を示してくれるはずである。責任能力プロジェクトチームは、今後も協議会を継続し、その成果をPart3以下として、発表していく予定である。

　本書が、Part1、そして未来のPart3以降とともに、責任能力を考える道標として、大きな役割を果たしていくことを期待したい。

2021年12月

日本弁護士連合会
日弁連刑事弁護センター
委員長　秋田真志

［目次］

［ケース1］殺人被告事件（診断：広汎性発達障害および統合失調症）
東京高判平28・5・11　LEX/DB25543147

控訴審で心神喪失・無罪とされた事例

［ケース2］殺人、銃砲刀剣類所持等取締法違反被告事件（診断：統合失調症ないし妄想性障害〔一審〕→自閉スペクトラム症〔控訴審〕）
大阪高判令1・7・16　LEX/DB25570387

心神耗弱を認めた原判決を破棄し、職権鑑定に基づいて完全責任能力を認定した事例

はじめに／精神医学的診断について／妄想が犯行に与えた影響の分析について

本件概要／本件鑑定の特徴／本件鑑定の問題点／飲酒試験とビンダーの分類について／おわりに

＊本書で取り上げた裁判例については、現代人文社ウェブサイト内のダウンロードページにアクセスのうえ、ダウンロードすることができます。詳細については奥付の記載をご覧ください。

殺人被告事件（診断：広汎性発達障害および統合失調症）
東京高判平28・5・11　LEX/DB25543147

控訴審で心神喪失・無罪とされた事例

報告論文

菅野 亮　すげの・あきら　千葉県弁護士会

はじめに

　当職が控訴審を担当した東京高判平28・5・11[1]は、有罪判決であった原判決を破棄して、心神喪失を理由に無罪とした。本稿では、原判決が信用できるとした起訴前鑑定の問題点と控訴審における弁護活動を報告する。

　本件公訴事実は、被告人が、2014年4月、自宅で、弟と祖母の2名を刃物で多数回突き刺す等して殺害した殺人事件である。

　本件では、起訴前鑑定が実施された。鑑定受託者である村杉謙次医師は、被告人は特定不能の広汎性発達障害を基盤に持ち、ストレス等を原因として妄想型統合失調症（軽症）が顕在発症したと判断した。責任能力に関する参考意見は心神耗弱である。

　原審弁護人は、心神耗弱を争わなかった。原審では、量刑のみが争点となり、懲役8年の有罪判決が下された（求刑は懲役10年、弁護人の科刑意見は執行猶予）。

1　判タ1431号144頁。本判決は、検察官の上告はなく、確定した。

起訴前鑑定の問題点

　受任後、村杉鑑定を検討したが、次のような疑問が生じた。

① 　広汎性発達障害の診断は正しいのか？

② 　被告人には、事件前、統合失調症の症状として、弟から殺されるという被害妄想（被告人は、殺される前に殺さなければならないと考えることになった）と、自分が天界のエージェントで祖母は悪魔であり、弟をダメにしているのも悪魔である祖母で倒されるべき存在であるという妄想（以下「悪魔関係妄想」という）があった。

　村杉鑑定は、被告人供述に依拠して、事件に影響したのは被害妄想であり（悪魔関係妄想は、事件に直接関係のない妄想追想で事件後に体系化した）、動機も了解可能としているが、その判断は正しいのか？

1　広汎性発達障害という診断への疑問

　被告人は、中学校時代、成績優秀で部活動にも熱心であった。部活動の部長を任されたり、生徒会長もしていた。中学卒業後、地域で一番の進学校に進学している。少なくとも、小・中学校時代に広汎性発達障害が疑われるようなエピソードは見当たらない。

　村杉鑑定でも、診断名は「特定不能の広汎性発達障害（F84.9）[2]」という残遺カテゴリーであり、自閉スペクトラム症[3]という概念で説明されていた。村杉医師にも、典型的な広汎性発達障害と診断することについて悩みがあるように思われた。

2　World Health Organization編（融道男ほか監訳）『ICD-10精神および行動の障害──臨床記述と診断ガイドライン〔新訂版〕』（医学書院、2005年）268頁では、特定不能の広汎性発達障害（F84.9）について、「残遺診断カテゴリーで、広汎性発達障害の一般的記載に合致するが、十分な情報を欠いたり、矛盾する所見があるために、F84の他のコードのいずれの診断基準も満たし得ない障害に対して用いられるべきである」とされている。村杉医師は、控訴審の反対尋問において、「矛盾する所見」があって、当該診断をしたことを認めた。

3　American Psychiatric Association編（髙橋三郎ほか監訳）『DSM-5精神疾患の診断・統計マニュアル』（医学書院、2014年）49頁。

2 動機の認定と了解可能性判断に関する疑問

　被告人には、弟から殺されるという被害妄想と、自分が天界のエージェントで祖母が悪魔であるという悪魔関係妄想があった。村杉鑑定は、事件当時、被告人に２種類の妄想があったことは認めつつ、被告人自身が、悪魔関係妄想は本件とは直接関係しないと述べていたことから、本件は被害妄想により生じたものとした。

　しかし、病識もなく、事件当時は病気も悪化していたと思われる被告人供述に依拠して動機を認定してよいものなのか疑問が生じた。被告人は、犯行準備として、悪魔関連妄想と関係しそうな「鉄の杭」を凶器として準備したり、弟の呪いを防ぐための「結界」を部屋に張っていた。被告人のそうした行動からは、事件前の日常生活においても悪魔関係妄想に相当影響を受けているように思われた。

　村杉鑑定は、弟が独り言として、被告人を殺してやりたい、などと言っていたことからすれば（被告人は、弟の発言をトイレ等に隠したICレコーダーで録音していた）、弟に対する被害妄想は現実的な契機がある２次妄想であり、動機の了解可能性も高まるとした。２次妄想であることと動機の了解可能性判断の関係性についても、１次妄想と２次妄想で単純に了解可能性の評価が異なるのか疑問があった。

　そうした疑問を持ちつつ、事実調査を行うこととなった。

控訴審弁護人の事実調査等[4]

1　通知表等の調査

　広汎性発達障害であるならば、幼少期にその特性が表れているはずである。

　弁護人は、被告人の両親から幼少期のエピソード等をあらためて聞くだけでなく、小学校から大学までの通知表等を弁護士法23条照会等の手

4　控訴趣意書の提出期限については、医師の意見書作成の時間や控訴審段階から受任したわり関係者からの事情確認にも時間がかかること等を理由に延長申請をしたところ、３カ月の延長が認められた。

段で入手した。また、被告人の部屋には、部活の後輩からもらった寄書きや被告人の作文が掲載されている文集もあった。

理由は不明であるが、原審の検察官は、こうした資料を取得しておらず、通知表等の基礎資料は鑑定資料とはされていない。

通知表等を見ると、小学校低学年の頃、食事が遅いとか授業中ぼんやりしているという記載はあるものの、全般的に成績もよく、国語の成績評価についても、主人公の気持ちがよくわかる等の高い評価を得ていた。

部活動の後輩から送られた寄書きを見ても、部活の後輩らと心の通った交流があったことがわかり、「社会的コミュニケーションおよび対人的相互反応における持続的な欠陥」があることを特性とする広汎性発達障害との診断には疑問が生じた。

2　複数の精神科医からの意見聴取

通知表等の基礎資料を入手した後、複数の精神科医に弁護人の疑問を率直に聞いてみることとした。中谷陽二医師と岡田幸之医師に話をうかがうことができた。また、村杉医師と同じ病院に所属し、鑑定留置中に被告人を複数回問診した庄田秀志医師からも意見を聞いた。

ニュアンスの違いはあれど、精神科医の先生方も、広汎性発達障害との診断には疑問がある（あるいは、スペクトラム化して、広汎性発達障害と捉えるとしてもそれが司法精神医学的に意味があるものかさらに検討を要する）との意見であった。

また、中谷医師及び庄田医師からは、祖父の容態の悪化により、急激に統合失調症の症状が悪化した可能性もあるとの意見をいただいた。

他方、岡田医師からは、WAIS-Ⅲの全検査IQが118と高く、未治療のまま放置された統合失調症患者にしては知的レベルが高く、統合失調症だとしても典型的なものではないように思われるし、悪魔関係妄想と被告人のファンタジー好きなキャラクターの関係性も気になる等の弁護人のケースセオリーの弱点を的確に指摘する貴重な意見をいただいた。

被害妄想が2次妄想で、悪魔関係妄想が1次妄想だとして、それ自体が責任能力判断に直結するものではなく、現実的契機とその反応として

の被告人の行為との関係性やそれぞれの妄想が行為に与えた影響を丁寧に検討しなければならないとの示唆を得た。

最終的には、中谷医師及び庄田医師には、通知表等の基礎資料を提供したうえで、意見書の作成を依頼した。鑑定事項は、責任能力に直結するような事項は避け、ピンポイントに弁護人が問題だと考える事項に絞った。

【鑑定事項】
①　広汎性発達障害との診断は正しいか。
②　被害妄想と悪魔関係妄想を区別して事件への影響を判断している点は正しいか。
③　統合失調症の重症度及び事件への影響についてどのように考えられるか。

3　その他の資料収集

妄想追想かどうかについては、問診時に被告人がどういったことを述べていたか、事件後の供述経過も重要だと考えた。

村杉医師に問診時のメモをもらえないかお願いしたところ、日付ごとに整理された問診時のメモをもらうことができた。このメモによれば、最初の問診から、悪魔関係妄想の話が出ていたことが判明した。

原審弁護人は、類型証拠開示請求及び主張関連証拠開示請求をしていなかったため、高検の検察官に対し、幅広な証拠開示請求をしたが、「証拠開示請求は1審ですべき事項である」と回答され、原審弁護人に任意開示した範囲でしか証拠開示については対応してもらえなかった。

控訴趣意書の作成で留意したこと

事実調査等を経て、あらためてブレインストーミングをした。
広汎性発達障害の診断の誤りを基礎づける資料は十分あると考えられた。
しかし、広汎性発達障害との診断が誤っていたとしても、だから心神

喪失ということにならない。

　やはり、心神喪失かどうかの判断で重要なのは、統合失調症の妄想等の症状がいかに行動に影響を与えていたかであり、そういう意味では、被告人の異常とも思える犯行態様や事件前後の被告人の病状等が重要であると考えた。

　控訴趣意書でも、①部屋に「結界」を張り、凶器として「鉄の杭」を用意し、事件前にお稲荷様（悪魔関係妄想における天界の使徒）にお供え物をするなど、悪魔関係妄想に強く影響されていたエピソードを整理して主張し、②弟と祖母の眼球・頸部・腹部に集中して合計100回以上もの攻撃を加えたことを、妄想等の圧倒的な影響によるものだと主張した。

　控訴審段階の証拠としては、①通知表等の客観的資料、②精神科医の意見書、及び③犯行直前の被告人の様子に関する両親の陳述書等を提出した。

控訴審の審理経過等

1　控訴趣意書及び証拠提出

　控訴審の第1回期日において、裁判長は、原審では、心神喪失が争われていないことから慎重に審理を進めたいという発言をし、検察官には答弁書の提出を求めた。

　その後、検察官は、村杉医師の追加意見書（弁護人の証拠や、中谷意見・庄田意見を踏まえても起訴前鑑定内容が正しいとするもの）を証拠請求し、答弁書の提出もした。

　裁判所からは、弁護人の主張する犯行前の状況及び犯行態様に関する裏づけ証拠を出すようリクエストがあり、解剖書を抜粋した報告書や結界等に関する写真撮影報告書を証拠請求した。

　検察官は、当初、証拠について、不同意等との意見を述べていたが、最終的には、両親の陳述書を除き、精神科医の意見書等についても同意した。

　高裁は、弁護人と検察官の主張・立証状況を踏まえ、直接に被告人を問

診している村杉医師と庄田医師を尋問することに決めた。

2　尋問

村杉医師は、基本的には起訴前鑑定どおりの証言をした。

ただし、悪魔関係妄想について、犯行時には存在せず、犯行後に生じた妄想追想だと証言した。この点は、意図的に証言を変えたのではなく、単なる鑑定人の誤解だと思われたが、内容が後退したままの主尋問で終わってしまったので、反対尋問で、犯行時に悪魔関連妄想が存在していたこと自体は確認した。

それ以外は、基本的に、次のような事項を1つ1つ確認した。

(1)　広汎性発達障害の診断基準を満たさないこと

「DSM-5でも挙げられているのは、1つが社会的コミュニケーションの制限、もう1つの特徴が反復性の行動と興味、こういった領域に軽度から重度の能力低下があると記載はされているが、その2つの特徴がある障害という理解でよろしいですか」

「はい。そのとおりです」

「被告人に関して、幼児期に反復性の行動と興味に関するエピソードはありませんよね」

「ないです。たしかに、はっきりしないです」

(2)　広汎性発達障害の特性と反すること

「発達障害の特徴として空気が読めないという点があると先ほどおっしゃいましたが、通知表とかでは、主人公の気持ちを想像しながら読むことができると評価されています。空気が読めなかったらそういうことが難しいと思うんですけど、それは違いますか」

「いや、それはそのとおりです」

裁判官の補充尋問では、村杉医師は、広汎性発達障害という自らの鑑定結果に固執する姿勢をみせた。

(3)　統合失調症の発症時期や重症度について

「高校で発症あるいは、前駆症状だったことは考えられないのか」

「（高校で）発症して、未治療のまま今に至ってるならば、確実に認知機

能障害は来してるはずですし、思春期発症のタイプは本当に予後も悪いので、今も論理的に話すということはたぶんできない状態になっていると思います」

⑷　「鉄の杭」を準備したことと事件の関係性について

　「鉄の杭とかもろもろは当時の妄想の強さを示す徴表だとは、必ずしも受け止められないんですか」

　「必ずしも受けてないです。儀式的な行為も発達障害の部分というのは大きいんだと思います。執拗な態様は、執着性で説明できるし、統合失調症の例でみたことないです」

　村杉医師は、「鉄の杭」等を準備したというエピソードを論拠の薄い広汎性発達障害の特性で全て説明し、執拗な行為態様についても、広汎性発達障害の執着性で説明しようとした。しかし、自らの鑑定の正しさを強調する姿勢は、鑑定の信用性を減殺する方向につながったように思われる。

　村杉医師は真摯に鑑定を行ったと思われる。しかし、尋問をした結果、本件のような執拗な犯行態様は広汎性発達障害によるもので、統合失調症の症状と合致しないという村杉医師の限られた経験からの思い込み（統合失調症の症状により異常で執拗な行為態様となる事例も少なくない）があることも判明した。

3　時期に遅れた岡田医師の意見書の証拠請求

　尋問後、弁論期日を行い、判決という段取りであった。

　ところが、検察官は、医師2名の尋問終了後、岡田医師の意見書をさらに証拠請求すると発言した。

　時期に遅れたものであるし、医師の尋問が終わってから、別の医師の意見書を出すなどありえないと異議を述べた。結局、岡田意見書は、必要性なしとして却下された。タイミングを失した点も、裁判所の判断に影響したように思われる。なお、岡田意見書は、検察官及び弁護人主張のそれぞれの問題点を的確に指摘する鋭い内容であった。

判決

　控訴審判決は、原判決が論理則経験則等に反した点を３点指摘した。

　１点目は、犯行態様が過剰で異常である点を過小評価した点である。

　２点目は、悪魔関係妄想に相当強く支配された行為である点を見過ごした点である。

　３点目は、村杉鑑定の信用性評価を誤った点であり、次のように判示した。

　「異常と思われる被告人の言動は、広汎性発達障害による強迫症状等の影響によるものである旨説明するものの、説得的ではなく、被告人の精神障害の犯行への影響に関し、現実の体験を契機とする弟に殺されるのではないかという被害妄想（二次妄想）の影響が大きく、現実の体験を離れて突発的に発生する悪魔に関する妄想（一次妄想）の影響は直接的な原動力とはなっておらず、本件犯行への影響は統合失調症よりも基盤にある広汎性発達障害の影響が大きいと結論付ける点も合理的とはいえない」。

　検察官は、動機が了解可能だと主張したが次のように判示し、その主張を排斥した。

　ここでは、被告人供述に依拠した動機認定に問題があることも指摘されている。

　「悪魔に関する妄想が相当に強かったことをうかがわせる犯行に至る経緯における事情や、殺害の目的を達するには余りに執拗、過剰かつ異常な犯行態様に照らすと、本件犯行の動機には、弟に殺されるという妄想に基づく考えのほかに、弟を過保護に育てた祖母に対する感情や、祖父の介護の負担から逃れたいという思いなどという理解可能な部分もあったとは認め難く、悪魔に関する妄想の圧倒的な影響を受けていたとみるのが自然である。介護の負担から逃れたい欲求が動機になっている殺人の多くは要介護者のみを殺害の対象としている上、事件を起こせば逃れられるという思いがあったとすれば、弟に対する加害行為だけで十分であり、弟を過保護に育てたというだけで祖母に対して弟と同様の残忍な殺害行為に及ぶほどの強い憎しみを抱くとも考え難い。また、被告人の

精神障害を踏まえると、被告人の原審公判における供述を主たる根拠として本件の動機を理解しようとするのは相当ではない」。

　検察官は、村杉鑑定に依拠して、悪魔関係妄想は、妄想追想であると主張したが、その主張は排斥された。悪魔関係妄想に関する供述経過については、控訴審段階で、村杉医師から問診メモを入手し、村杉医師に対する反対尋問で獲得した事項であるが、それがそのまま検察官主張を排斥する理由づけになった。

　「悪魔に関する妄想は、捜査段階の取調べや鑑定のための医師による当初の面接では供述されていないこと、被告人が詳細につけていた日記には記載がないことなどから、本件犯行当時は確信度が低く、医師の面接を受けて事件を振り返る中で、いわゆる妄想追想により体系化されて確信度が高まったという。

　しかしながら、前記のとおりの犯行態様や犯行に至る経緯における事情をみれば、本件犯行時に悪魔に関する妄想の確信度が高くなかったとは考え難い。また、当審における鑑定人の証人尋問によれば、同医師は確信的な妄想とは受け取らなかったものの、本件後1か月足らずの当初の面接時から、被告人は、祖母が悪魔であり、悪魔の命令で祖母が嫌がらせをしているとの話をしていたことが認められ、被告人の供述経過からは、医師の面接を受けたことなどによる妄想追想により確信度が高まったものとは認められない」。

おわりに

　事実を確認し、証拠を集めることは、すべての刑事事件で重要である。
　責任能力が問題となる事案では、診断名にもよるが、幼少期からの生活状況等の調査が必要となることもある。また、依頼者を罪に問うことができるのか、という素朴な疑問を持ち続けることも重要だと思われる。もちろん弁護人の素朴な疑問が精神医学的には的外れであることも十分ありうるので、精神科医からの助言も必要不可欠である。
　原審弁護人がどのような判断で心神喪失を主張しなかったかは不明で

ある。

　しかし、起訴前鑑定には、資料の不十分さ、精神症状及び事件への影響を過度に広汎性発達障害で説明しようとする理論の強引さ、そしてそれらから生じるほころびがあったように思われる。

弁護士のコメント

　　　　　　　　　　田岡直博　たおか・なおひろ　香川県弁護士会

本事例の特徴

　本事例は、非常に難解な事件である。

　まず、疾病診断につき、①被告人に「被害妄想」(二次妄想)と「悪魔関係妄想」(一次妄想)が認められたことを前提に、これらを「統合失調症の症状」として説明するのか(庄田医師、中谷医師)、②「統合失調症の症状」＋「広汎性発達障害の特性ないし症状」として説明するのか(村杉医師。なお、同医師は「広汎性発達障害」を基盤に「統合失調症」を「顕在発症」したと説明しているが、その意味は必ずしも明らかではないように思われる)が問題となっている(さらに、岡田医師は、「統合失調症であるとしても、典型例ではない」と指摘し、いずれとも異なる可能性を示唆している)。

　次に、統合失調症の症状の影響の程度につき、①犯行動機は「被害妄想」(二次妄想)であり、「悪魔関係妄想」(一次妄想)は直接的な動機ではないと理解した上で、犯行当時「圧倒的な病的体験に追い詰められた状態でもなかった」と考えるか(村杉医師)、②「被害妄想」と「悪魔関係妄想」は一体であると理解した上で、犯行に「強い影響」を与えたと考えるか(中谷医師)、③「悪魔関係妄想」こそが原動力であり、「被害妄想」を行動化したと理解した上で、「圧倒的な強度」があったと考えるか(庄田医師)が問題となっている。

　さらに、本件犯行当時の弁識能力・制御能力の有無及び程度につき、

①弁識能力および制御能力は失われており、心神喪失の状態であったと考えるか（弁護人）、②弁識能力及び制御能力は失われておらず、心神耗弱にとどまると考えるか（検察官）が問題となっている。

　このように、本事例では次元の異なる複数の問題が複雑に絡み合っている上、3名の精神科医の意見が異なるために、一見すると、精神医学論争の様相を呈している。しかし、本事例で心神喪失が認定された理由を、庄田医師および中谷医師の意見によるものと考えることは本質を見誤るおそれがある。責任能力は法的判断であるから、弁護人による的確な主張立証なくして、心神喪失の判断を得ることはできない。控訴審が事後審であり、裁判員裁判の控訴審では「経験則及び論理則に照らして不合理であること」の認定が要求されることを考えれば、なおさらである。本判決は、菅野弁護士、前田弁護士および山本弁護士による的確な主張立証の成果であると思われる。ここでは、三点を指摘したい。

原審記録の検討

　菅野弁護士は、控訴審の弁護を受任し、原審記録（および開示証拠）を検討した結果、起訴前鑑定（村杉医師）は、①広汎性発達障害と診断している点、②「被害妄想」（二次妄想）と「悪魔関係妄想」（一次妄想）を区別した上で、犯行動機は「被害妄想」であり、「悪魔関係妄想」は直接的な動機ではないとしている点につき、疑問を持っている。

　①は疾病診断の問題であるから、精神科医の専門領域であり、一般的には、弁護人が疑問を持つことは難しいと思われる。しかし、診断基準を知らなくとも、被告人が中学校までは生徒会長や陸上部の部長を務めるなどしてコミュニケーション能力に大きな障害はなかったことから、中学校までの性格とその後の性格が大きく変化していることに気づくことは可能であろう（これは、従来、「元来の人格との異質性」として、考慮されていた事情であるともいえる）。

　また、②は、「一次妄想」と「二次妄想」の区別を知らなくとも、（被害妄想の対象である）弟に加えて、祖母を殺害していること、弟に100カ所以上、

祖母に60カ所以上の刺創を生じさせた上、眼球、頸部等を徹底的に攻撃し、無言で黙々と突き刺していること、殺害後に祖母の心臓に打ち込むための鉄の杭を用意していること、果物ナイフの柄と鞘に「恨」「殺」「怨」「憾」という字を書いていること、本件犯行当日にお稲荷様にお参りしていることなどから、「悪魔関係妄想」の影響を見出すことは可能であろう（これらは、従来、「犯行態様の合理性」として、考慮されていた事情であるともいえる）。

事実の調査

　次に、菅野弁護士は、被告人の自宅を訪問し、①小学校から大学までの成績表、②部活の後輩からもらった寄書きや被告人の作文が掲載されている文集などを証拠化している（報告原稿には明記されていないが、この他にも、③自室に塩を撒いたり、針をドア等の枠、カーテン内に入れて、「結界」を作成していた状況、④事件当日にお稲荷様に備える食料を購入したレシート、⑤祖母の心臓に打ち込むために用意した鉄の杭などを証拠化している）。

　そして、これらの調査を踏まえた上で、中谷医師および庄田医師に相談した結果、①「広汎性発達障害」の診断には疑問があり、「被害妄想」と「悪魔関係妄想」はいずれも「統合失調症の症状」（高校時代のエピソードは、前駆症状）である、②「被害妄想」と「悪魔関係妄想」は一体であると理解した上で、犯行に「強い影響」を与えたと考えられる（中谷医師）、または、「悪魔関係妄想」こそが原動力であり、「被害妄想」を行動化したと理解した上で、「圧倒的な強度」があったと考えられる（庄田医師）という意見を得ている。

　起訴前鑑定を弾劾するために、他の精神科医に相談することは不可欠である。しかし、精神科医は多忙であり、リソースは限られている。単に精神科医に記録を丸投げしても、的確な意見が得られるとは限らない。菅野弁護士のように起訴前鑑定の問題点を見抜くことは困難だとしても、原審記録を徹底的に読み込み、疑問を感じた点があれは事実を調査した上で、精神科医に相談することを心がけるべきであろう。

ケースセオリーの検討

　さらに、菅野弁護士は、事実の調査を踏まえた上で、ブレインストーミングを実施している。その結果、「広汎性発達障害」の診断は誤りであり、「悪魔関係妄想」は統合失調症の症状であるとした上で、①部屋に「結界」を張り、凶器として「鉄の杭」を用意している、②弟と祖母の眼球・頸部・腹部に集中して合計100回以上もの攻撃を加えていることなどから、（統合失調症の症状である）「悪魔関係妄想」の影響力は圧倒的なものであった（支配されていた）という主張を組み立てている。

　控訴審判決は、「（広汎性発達障害の診断は）被告人が中学校では生徒会長や陸上部の部長を務めるなどしてコミュニケーション能力に大きな障害はなかったと認められることに照らすと疑問があ（る）」「被告人が、結界と称して自室に塩と針を置いていたこと、鉄の杭を用意していたこと、果物ナイフに『恨』等の文字を書いていたことなども〈中略〉いずれも悪魔に関する妄想との関連が強くうかがわれる事実であって、（広汎性発達障害の脅迫症状とする）同医師の説明は説得的ではない」「これらの事情からは悪魔に関する妄想の影響が相当に強かったことがうかがわれることに照らし、村杉医師が、妄想を二分した上で悪魔に関する妄想は直接的な原動力ではないとし、本件犯行への影響は広汎性発達障害の影響が大きいと結論付けたのは、合理的ではない」などとした上で、「原判決は〈中略〉合理的とはいえない起訴前の精神鑑定に依拠し、心神耗弱の認定をしており、論理則、経験則等に照らして不合理な認定をしたものといわざるを得ず、事実誤認がある」と判示して、心神喪失と判断している（括弧内は筆者が補った）。

　菅野弁護士のケースセオリーに基づく的確な主張立証が、控訴審裁判所に全面的に受け入れられていることは明らかである。非常に難解に見える事件でも、原審記録の検討、事実の調査およびケースセオリーの検討という基本的な弁護活動が重要であることを思い知らされる。本事例は、責任能力を争う弁護活動のエッセンスが散りばめられている。

中谷陽二　なかたに・ようじ　筑波大学名誉教授

　報告事例に関して裁判所に意見書を提出した立場から若干の論評を加えたい。意見書では次の結論を提示した。

I　被告人の発育歴には広汎性発達障害の罹患を示唆する徴候が乏しく、逆に罹患を否定する事実が少なくない。したがって、起訴前鑑定書で主張されている広汎性発達障害の診断には重大な疑義が持たれる。被告人の思春期に出現した強迫症状及び性格変化は、その後の経過に照らして、広汎性発達障害の症状ではなく統合失調症の典型的な初期症状として十分説明が可能である。

II　広汎性発達障害に独特な思考パターンを本件犯行の主要な要因とみなしている起訴前鑑定書の論点にも同様に重大な疑義が持たれる。

III　本件犯行は統合失調症の重篤な精神病状態において発生し、妄想が行動に強い影響を与えた結果、是非善悪を弁識し、その弁識に従って行動する能力が失われていたと推測する余地がある。

　非常に複雑な事例であり、犯行は定型的な統合失調症患者の行動として理解しにくい面がある。起訴前鑑定はこの点を整合的に説明するために広汎性発達障害を診断に加えたと思われる。それに対して、筆者は統合失調症の精神病理として説明が可能であると考えた。あらためて事例を見直すと、妄想の構造と疾病経過という2つの次元で定型的ではないことがわかる。

　まず、弟が自分を殺そうとしているという妄想と、悪魔や天界に関する妄想という異質な内容が見出され、妄想体験の中に現世的主題と超自然的主題が併存していたことが特筆される。疾病経過の面では、思春期に発症して長く未治療でありながら統合失調症の陰性症状や社会的機能

の低下が目立たなかった。ところが事件直前、祖父の容態悪化が引き金となって精神病状態の急激な悪化が生じ、犯行に直接つながった。これら２つの面での特異性が相互に関連することを意見書では次のように論じた。

犯行動機に関する被告人の供述は、①弟に殺される前に先制攻撃を行う、②弟が社会的事件を起こすことを未然に防ぐ使命が自分にある、③祖母は悪魔で、自分はその悪魔の目的——弟を利用した大量殺人——を打ち砕く使命を神から与えられている、と要約される。「弟が社会的事件を起こすのを阻止するのが自分の義務という考えに、祖母は悪魔という考えが重なった」、「天界の争いという考えは犯行の強力なプッシュというよりバックアップ」、「運命感が影のように付き添っていた。弟を殺さないと大量殺人が起きてしまうという現世的な義務感に運命感が一枚寄り添った」、「犯行の時は全部がないまぜ」と語っている。現世的観念を超自然的観念が背後から「バックアップ」し、いみじくも「全部がないまぜ」と表現されているように、異なる次元の内容が渾然となっている。一貫しているのは〈自分は特別な使命を帯びている〉という救世主的な確信であり、徹底した殺害行為を冷静に遂行するという不自然さ、完遂後の「達成感、高揚感」も、妄想による誇大的な使命感を裏づける。

経過の特異性としては、事件４日前に祖父の容態が急に悪化し、起立も食事も不能となった。そのときから本人は離れにいる祖父を父、弟とともに懸命に介護した。母は本人が必要以上の責任感で自分を追い詰めていると感じた。当日早朝、すごい勢いで玄関から出ようとするので母が声をかけると、「お祖父ちゃん、トイレだって」と答え、１時間ほどで戻り、朝食を掻き込み、また離れに行こうとした。母が「もう少し距離を取らないと疲れちゃうよ」と言うと、目を見開いて一点をみつめ、「わかった」と答えたが、母は本人の態度や表情にただならぬ異変を感じた。この慌ただしい展開に対応するのは、祖父の容態悪化で一挙に精神的バランスが崩れたという趣旨の供述である。すでに大震災を契機として「日本、世界が壊れる」という「運命感、予感みたいなもの」を感じており、お稲荷様への祈願などで不安を和らげていたが、祖父の急変が本人の焦慮を

強め、〈祖父の終末〉が唐突に〈世界の終末〉へと飛躍したと考えられる。

　以上、統合失調症の精神病理の複雑さを表わす示唆的な事例である。鑑定人に求められる「疾患が犯行に及ぼした影響」の評価は精神病理を深く掘り下げることによって説得力を持つ。残念ながら最近、考察の不十分な鑑定書を見かける機会が少なくない。その要因の一つは鑑定書の書式が変わったことにある。2009年に最高検察庁が「精神鑑定書例」を公表し、検察庁のみならず裁判所においても繁用されている。筆者が以前に論じたように、[5] この書式は検察官には便利であっても、事実の記述から推論を重ねて診断を導き出す臨床的思考に馴染まず、精神科医にとっては〈書きにくく読みにくい〉のである。司法精神医学会が鑑定書式の学会バージョンを作成することを望みたい。

5　中谷陽二「最高検察庁による精神鑑定書例に関する私見」精神神経学雑誌111巻（2009年）1363〜1368頁。

殺人、銃砲刀剣類所持等取締法違反被告事件

（診断：統合失調症ないし妄想性障害〔一審〕→自閉スペクトラム症〔控訴審〕）

大阪高判令1・7・16　LEX/DB25570387

心神耗弱を認めた原判決を破棄し、職権鑑定に基づいて完全責任能力を認定した事例

報告論文

水谷恭史　みずたに・きょうじ　大阪弁護士会

事案の概要

　被告人は、2015（平成27）年2月5日、和歌山県内の自宅近くの空き地で、近所の小学生男児（当時11歳）に対し、「コピスマチェット」と呼ばれる鉈のような刃物で複数回、頭、胸、腰などを刺したり切りつけたりして失血死させたとして、殺人および銃砲刀剣類等取締法違反罪に問われた。

原審の経緯──心神耗弱の認定、自白と否認の著しい変転、重い量刑判断

　原審和歌山地裁における公判前整理手続では、事件性および犯人性に争いはないとされた。起訴前鑑定に基づき、被告人が統合失調症ないし妄想性障害を抱えており、精神疾患由来の被害妄想が動機形成と密接に関わるなど、判断能力および制御能力が著しく障害された心神耗弱の状態だったことにも争いはなかった。主に情状事実の評価と量刑判断が実質的な審理の対象となる見込みだった。

　ところが、原審第1回公判冒頭の意見陳述で被告人が否認したため、

審理が混乱し始めた。被告人は一旦、否認供述を撤回したが、原審第3回公判の被告人質問でも再び否認し、後に自認するなど、否認／自白の変転を繰り返した。原審は結局、公判廷における自白も実質証拠に用いて有罪と認定した（2017〔平成29〕年3月28日判決宣告）。心神耗弱を認定して減軽する一方、遺族の強い処罰感情や社会的影響の大きさ、被告人の公判廷供述や態度に深い反省がみられないことを挙げ、心神耗弱事案としては著しく重い懲役16年を宣告した。被告人自身が即日控訴し、後に検察官も控訴した。

控訴審における職権精神鑑定の実施

1　量刑不当のみとする検察官控訴理由と実際の主張の乖離

　2017年5月、当職が控訴審の国選弁護人を受任した。すぐ複数選任を申し立て、同じ事務所の我妻路人弁護士が2人目の国選弁護人に選任された。当職らは、被告人との複数回の面会で強い否認意思を確認した。そのうえで、①責任能力・訴訟能力の著しい減退により任意性、信用性のない原審公判廷供述を有罪認定の実質証拠および量刑事情として用いた訴訟手続の法令違反、②公判廷での自白を証拠から排除すれば証明不十分であるのに犯人性を認めた事実誤認、③心神耗弱を認めながら懲役16年を科した量刑不当——を主張した。原判決による心神耗弱の認定そのものは不服の対象としなかった。

　検察官の控訴理由は表向き量刑不当のみで責任能力の有無は問題とならないはずだったが、内実は違った。被告人は自閉スペクトラム症で完全責任能力があるとする新たな鑑定意見書を引用し、事実取調べを請求したのである。原審鑑定の指摘した精神疾患による妄想の影響、原判決による心神耗弱の認定を事実上否定する事実誤認の主張に等しかった。そのうえで、完全責任能力に近い心神耗弱であるのに、その評価を誤った不当に軽い量刑と原判決を非難して、より重罰を要求した。

2　職権による再鑑定の実施決定

　2018（平成30）年1月、控訴審第1回公判が指定された。控訴審裁判所は公判直前の打合せ期日で、起訴前鑑定の内容や原判決の責任能力判断に疑義があるとして、職権による精神鑑定を予告した。すでに鑑定人候補者の内諾も得たという。弁護人が心神耗弱の認定を争わず、検察官も控訴理由は量刑不当のみと強弁する以上、責任能力に関する事実誤認は争点とすべきではない、原判決の破棄目的が明らかな再鑑定を職権で実施するのは当事者主義に反する、不利益変更禁止にも実質的に抵触する、と強く反対意見を述べた。量刑不当の主張を装いつつ原判決の認定を覆そうとする検察官の姑息な対応が影響した可能性もあった。控訴審第1回公判で改めて職権鑑定に異議を申し立てたが、棄却された。

再鑑定の概要

1　検察官による不当な誘導の試み

　再鑑定は、鑑定資料および原審鑑定人の鑑定面接記録の検討を先行させた。被告人は2018年8月、鑑定留置となり、東京拘置所に移送された。同年中の鑑定意見提出、翌2019（平成31）年1月の鑑定人に対する証人尋問を内定した。

　職権鑑定の実施に勢いを得たのか、検察官は鑑定人に「要望事項」を送り付けた。検察官が独自の見解に基づき、被告人の精神構造を分析した体であれこれ述べ、被害的認知は妄想とはいえない、善悪の区別はできていた、奇異な思考や言動も自閉スペクトラム症に特徴的なもので精神疾患由来ではないなど、完全責任能力を殊更に強調する内容だった。

　当職らは、鑑定人の意見を恣意的に誘導する目的の不当な書面だと抗議した。

2　再鑑定の実施方法

　控訴審鑑定人は、被告人が東京拘置所に移送された後の2018年9〜11月、計12回の鑑定面接を行った。家族とも面接した。ただし、被告人と

の鑑定面接は、被告人が事前に作成した書面を、鑑定人が被告人の面前で読み上げながら確認する変則的なやり方だった。被告人は鑑定面接でも事件への関与を否認したが、控訴審鑑定人は、裁判官が被告人の言い分をそのまま受け止めるとは考えにくいと告げ、さらに事件の説明を求めた。控訴審鑑定人は後の証人尋問で、通常の鑑定では立ち入らない領域にまで踏み込んだ異例の対応だったと吐露した。

3　鑑定意見の概要と原審鑑定との相違

　控訴審鑑定人は、2018年12月作成の鑑定書で、被告人の精神障害は自閉スペクトラム症であるとして、統合失調症ないし妄想性障害への罹患を指摘した原審鑑定の診断を否定した。事件への影響について、聴覚過敏、記憶にある音声や会話が現実の出来事として再現される「タイムスリップ現象」、「心の理論」の障害から生じた誤った意味付けが動機の形成に影響したほか、想像力の障害が攻撃的行動の選択に影響を及ぼしたと述べた。また、社会的なコミュニケーションの障害が、自らの言動に対する他者の受け止め方に誤解を生じさせており、原審公判廷や鑑定面接での自白／否認の変転などに影響が現れているとした。

　原判決は被告人が心神耗弱状態だったとの結論を述べるに留まり、判断の過程は明示していない。ただし、原判決が判断の基底とした原審鑑定は、被害妄想が動機の形成に影響を与えたことは無視できず、精神症状の犯行への影響は著しかったと判断していた。一方で、被害妄想の内容は切迫しておらず、本人なりの意思決定に基づいて行動できていたとも述べて行動制御能力の障害には否定的であり、主に動機形成への被害妄想の影響を指摘していた。

　控訴審鑑定は、精神症状が動機形成だけではなく行動制御にも影響を及ぼしたとみる点で、原審鑑定より踏み込んだ内容だった。精神症状の原因についても、統合失調症ないし妄想性障害等の精神疾患と診断した原審鑑定と、生来の機能障害である自閉スペクトラム症とした控訴審鑑定には明白な違いがあった。

鑑定人に対する証人尋問と新たな心神耗弱立証の試み

1 控訴審鑑定を援用する弁護方針の決定

　多数の重大事件の鑑定経験があり、司法精神医学界のオピニオン・リーダーでもある精神科医が、12回の被告人との面接や親族との面接を経てまとめた控訴審鑑定と、臨床心理士が被告人と面接せず資料分析のみで完全責任能力と結論付けた検察官引用の鑑定意見書は、基本的な信用性に大きな開きがあった。しかし、自閉スペクトラム症との鑑別診断は一致した。事件に影響を及ぼした精神症状が統合失調症に基づくのか、自閉スペクトラム症などの障害に由来するのかにより、責任能力の有無および程度の判断は変動し得る。職権鑑定を強行した控訴審裁判所が自ら控訴審鑑定の信用性を否定するとも考え難かった。控訴審裁判所による職権鑑定が原審鑑定と異なる診断を示した時点で、原判決破棄の可能性が高いと予想された。

　控訴審鑑定が動機形成だけではなく、意思決定や行動選択に至る行動制御の部分にも精神症状の影響が及んでいたと判断した点に着目し、控訴審鑑定に依拠して、改めて心神喪失ないし心神耗弱の可能性を論証する方針を選んだ。精神症状の原因となった疾患ないし障害の診断名に因われず、具体的な精神症状が事件に及ぼした影響、詳細な機序を明らかにして責任能力の著しい減退という結論を維持し、あるいは新たな鑑定意見に基づく責任無能力の可能性を論ずることとした。

2 具体的な精神症状と事件への影響の機序

　2019年1月、控訴審鑑定人の尋問を実施した。まず裁判官が鑑定意見の作成経緯と鑑定意見の概要について尋問し、次に検察官、最後に弁護人が尋問した。控訴審鑑定人は裁判官の尋問に答えて、先に指摘したやや特殊な鑑定面接の方法、被告人に対する踏み込んだ説明要求の経緯を説明した。その後、自閉スペクトラム症の特徴である「心の理論」の障害などが事件に影響を及ぼした機序を説明した。控訴審鑑定人が公判廷で明らかにした機序の要旨は以下のとおりである。

ア　相手の言動や出来事をどう受け止めるか、自分の感じ方とは異なる他者の心の動きを認識し、想像するのが難しいため、社会的なコミュニケーションに支障が生じていた。

イ　定型発達者なら気に留めないような些細な出来事にも、自分にとって特別な意味があると思い違いしがちだった。意思疎通が困難で欲求不満が溜まりやすいことも相まって、物事がうまくゆかないのは悪意に基づく攻撃を受けているからと誤解し、被害的な認知を抱いた。

ウ　聴覚過敏により、被害少年らの騒ぐ声を苦痛に感じていた可能性が高い。

エ　被害少年らが、家族と被告人の過去の会話を真似て再現していると感じる幻聴の一種「タイムスリップ現象」に苛まれていた。

オ　「悪事を働くのは不法残留外国人」「悪事を働くのはヤクザ」などの皮相的なパターン認識を取り込み、「不法残留外国人であるヤクザが悪意を持って嫌がらせをしてくる」との被害妄想に発展した。

カ　不法残留外国人のヤクザである被害少年らが被告人の家庭を盗聴し、そのことを知らしめる嫌がらせとして被告人の面前で真似をしているとの妄想に囚われた。入国管理局（当時）に通報して被害少年の排除を試みたが果たせず、事件に至った。

　パターン認識を取り込みやすいのも自閉スペクトラム症の特徴とされる。定型発達者でも類型的なパターン認識を用いて善悪を判断する場合はあるが、矛盾する情報に接して誤りに気づけば修正できる。しかし、被告人は自閉スペクトラム症の影響により、パターン認識を修正してより現実的なものの見方を習得することが不得手だった。「不法滞在の外国人やヤクザが悪意を持って嫌がらせをしてくる」との被害的な認知は、誤りを指摘されても訂正できない強い思い込み——精神病理学上の「妄想」の域に達していた。

3 具体的な精神症状への着目を意識した尋問

　先に述べた控訴審鑑定を活かす弁護方針に則り、鑑定人への尋問は、具体的な精神症状と事件への影響の機序の詳細を引き出すよう努めた。控訴審鑑定人から得た証言の要旨は、以下のとおりである。

ア　統合失調症由来の妄想と、自閉スペクトラム症の特徴である「心の理論」の障害やパターン認識への囚われから生ずる思い込みの間に類型的な強弱差はなく、精神疾患由来だから強度、発達障害由来だから弱いというわけではない。現に、被害少年に対する被告人の思い込みは妄想の域に達していた。

イ　仮に被告人が犯人だったとして、小学生を刃物で殺害する行動の選択と実行、事件後の証拠隠滅ともみうる行動は、自分の言動が社会からどう評価されるか、言い換えれば常識に従った評価を適切に想像し、理解することのできない「心の理論」の障害の影響が及んでいるとみられる。

ウ　原審公判廷での自白／否認の変転、控訴審鑑定面接時の荒唐無稽な供述変遷も「心の理論」の障害の影響であり、その評価は慎重に行うべきである。

　検察官は、被告人の自閉スペクトラム症が、DSM-V（American Psychiatric Association〔日本精神神経学会監修、高橋三郎ほか監訳〕『DSM-5 精神疾患の診断・統計マニュアル』〔医学書院、2014年〕）の重症度基準3段階のうち最も軽いレベルであることの強調を試みた。また、過去の家庭内暴力を引き合いに、欲求不満を暴力で解決しようとする人格傾向や、被害妄想が被告人自身の生命を脅かすほど切迫したものではなかったことなどを引き出そうとした。

　裁判官は、被告人が「心の理論」の障害を克服し、あるいは負の影響を軽減できる可能性を尋ねた。控訴審鑑定人は、成人に達するまで障害に着目した支援を得られなかった被告人にとって容易ではないが、適切で丁寧な支援を得ることで多少改善される兆しはあったと答えた。

異例の経緯をたどった控訴審判決

1　結審後の唐突な控訴取下げと無効判断

　2019年5月、控訴審の最終公判が行われた。弁護人は控訴審鑑定人の法廷証言を援用し、聴覚過敏や、幻聴の一種であるタイムスリップ現象による強いストレスと被害的な認知が、自閉スペクトラム症に由来する「心の理論」の障害、皮相的なパターン認識への過度の囚われを経て被害妄想を生み出し、被害少年への敵意ないし害意を形成した機序を指摘した。さらに、被告人は、自分の言動に対する社会的評価を適切に想起できない障害、言い換えれば、「殺人は悪である」との常識的な道徳規範を社会と共有して内在化できなかったがために、攻撃的な行動の選択を抑制できなかった点で行動制御能力が著しく減退ないし欠如していたとみるべきことを指摘した。

　被告人は、控訴審最終公判で改めて無実を訴えたいとして発言機会を求めたが、被告人質問の請求は却下され、結審した。

　結審の約1カ月後、被告人は唐突に控訴取下手続を行った。双方控訴の本件で被告人だけが取り下げても裁判は終結せず、本人にはまったく利益のない行為だった。控訴取下げの一報を受け、弁護人、家族とも何度か、被告人との接見を試みたが、本人に拒否された。弁護人はやむを得ず、控訴取下げ無効を主張する意見書を提出した。控訴審裁判所も拘置所に対し、取下手続の前後の被告人の言動や精神状態について照会した。控訴審裁判所は結局、被告人が弁護人や家族と相談しないまま、不本意な裁判を終結させられると誤解して行ったとみて控訴取下げを無効と判断し、判決宣告に臨んだ。

2　完全責任能力を認めて原判決を破棄しつつ量刑判断を維持した控訴審判決

　2019年7月、控訴審判決が宣告された。原審鑑定には論理の飛躍や検討不足があるとしてその信用性を否定し、原審鑑定に依拠した原判決による心神耗弱の判断を破棄した。そのうえで、職権控訴審鑑定の信用性を認めて援用し、被告人の犯人性には疑いがなく、事件当時は完全な責

任能力があったと自判した(事実認定の詳細は判決書を参照されたい)。他方、原判決の量刑に関する検討要素の適示および結論は概ね妥当であるとし、裁判員裁判であったことも考慮してその量刑判断を尊重するとして、改めて原判決と同じ懲役16年を科した。

結び

控訴審判決後、被告人は家族および弁護人との接見に応じた。弁護人は被告人の了承を得て上告申立てを行ったが、数日後、被告人自身が上告を取り下げ、控訴審判決は確定した。

被告人の意向を実現することも、弁護方針を貫徹して、改めて限定責任能力ないし無能力の判断を得ることもかなわず、忸怩たる思いが残った。控訴審鑑定に依拠した弁護方針の是非についても、後に賛否双方の意見を得た。

定型発達者に比べて犯罪率が高いわけではないものの、自閉スペクトラム症などの発達上の障害を有する者が、その生きづらさゆえに二次的な精神障害を抱え、社会不適応の末に罪を犯したり、犯罪に巻き込まれたりすることがある。その実相に光を当て、責任能力の有無や程度について適切な司法判断を得るために必要な弁護活動はどのようなものか、さらなる検討と分析が必要であることを痛感させられた事案だった。

弁護士のコメント

菅野 亮 すげの・あきら 千葉県弁護士会

はじめに

本件では、精神障害を有する依頼者が供述を突然変えることに対応する難しさや控訴審が職権で採用した精神鑑定にどう対応すべきかといっ

たさまざまな課題がある。これらの課題にどう対応するかについては、その答えのひとつとして、水谷報告を参照していただきたい。本稿では、以下の3点について、コメントする。

① 統合失調症と自閉スペクトラム症の鑑別が問題となる事案の留意点
② 自閉スペクトラム症の責任能力
③ 自閉スペクトラム症の量刑

　本稿では、DSM-5および控訴審判決が採用した診断名である「自閉スペクトラム症」と表記する。「自閉スペクトラム症」は、DSM-4で、自閉性障害、アスペルガー障害、特定不能の広汎性発達障害等と診断されていたものを含む診断名である。ICD-10では、「広汎性発達障害」とされる。なお、裁判例を紹介する際は、判決に記載された診断名とした。
　以下、本稿では、アスペルガー障害や広汎性発達障害と診断されてきた自閉スペクトラム症を念頭に置くこととする。

統合失調症と自閉スペクトラム症の鑑別が問題となる事案の留意点

1　ケースセオリーの検討

　本件のように、統合失調症（本件では、「統合失調症ないし妄想性障害」）と自閉スペクトラム症の鑑別が問題となる事案は、それなりにある。弁護

1　American Psychiatric Association（日本精神神経学会監修、高橋三郎ほか監訳）『DSM-5　精神疾患の診断・統計マニュアル』（医学書院、2014年）49頁。
2　融道男ほか訳『ICD-10　精神および行動の障害——臨床記述と診断ガイドライン〔新訂版〕』（医学書院、2005年）261頁。
3　統合失調症と自閉スペクトラム症の診断は、どちらか一方ではなく、併存するとの鑑定もある。その場合、それぞれの症状がどのように犯行に影響したかの検討が必要となる。東京高判平28・5・11判タ1431号144頁は、統合失調症と広汎性発達障害が併存したとの鑑定人の意見について、併存しているとの判断は否定せず、広汎性発達障害の症状・特性が事件に大きく影響を与えていたとの鑑定人の意見の信用性を否定し、統合失調症の症状の影響が大きかったと判断し、心神喪失とした。

人には、鑑別に関する詳しい精神医学的知見はないが、関連文献を読み、専門家の意見を聞くなどして、それぞれの障害の特性・症状等について理解を深めておく必要がある。

　弁護人は、すべての証拠等を検討し、ケースセオリーを構築する必要がある。責任能力が問題となるような事件では、①精神障害および症状、②症状が犯行にどう影響したか（機序）、および③法的評価（心神喪失なのか心神耗弱なのか、量刑上有利な犯情なのか、一般情状なのか）を説得的に主張立証する準備が必要となる。

　精神障害を有する依頼者は、法廷で事実認定者が通常期待しているような供述をすることが難しい場合もあり、法廷での供述内容・態度等により不当に不利に扱われることがないようなフォローも必要となる。

2　診断に関する裁判所の認定

　本件原審は、診断名および心神耗弱であることについて争いがなかったために、量刑理由において、「被告人は、統合失調症ないし妄想性障害に罹患しており、被害者兄弟から嫌がらせを受け、棒で襲われるかもしれないという被害妄想の影響の下で、本件各犯行に及んだ」とごく簡単に認定されている（控訴審判決によれば、原審鑑定人は「広汎性発達障害や知的障害は否定される」と証言したようである）。

　控訴審判決は、控訴審が職権採用した鑑定人の意見を前提に、「当該鑑定（控訴審の鑑定）は、意思疎通面の問題、聴覚の過敏さ、幻聴の特殊性など被告人の精神活動の特徴について、多方面から焦点を当てて考察したもので、鑑定の前提となった資料の選択も適切である。（略）被告人の精神障害は、自閉スペクトラム症と診断できる」とした。

3　弁護人は、異なる鑑定意見をどう評価すべきか

　本件のように、複数の鑑定人の異なる意見があり、診断名が争いになる事案はある。診断名は、精神症状が犯行に与えた影響の機序等を考える際にも重要であり、弁護人としてもこの考察を蔑ろにはできない。

　鑑定の信用性判断の一つの視点は、幅広い資料を考察の対象にしてい

るか、ということである。特に、自閉スペクトラム症の診断については、発達段階の豊富な資料が必要である。鑑定人が、捜査機関から、どのような資料提供を受けているか確認し、弁護人はそれ以外の資料を、家族、教育機関等から得られないか確認する必要がある。面談等も適切な回数行っているか（多ければよいというものではないが、極端に少ない場合、それ自体が信用性を低める事情となる可能性はある）、問診録等により、被疑者から事件に至る経緯や心理状況等を丁寧に聞いているかも信用性判断において持つべき視点であろう（本件では、原審鑑定人も控訴審鑑定人も多数回の問診等を実施し、資料等において差はないようである）。

　そして、診断に加え、障害の特性、症状の分析、精神症状が犯行に与えた影響の機序等の説明が合理的かどうかという視点で、鑑定意見を検討する必要がある。

　本件のように診断名が争点化されていない原審鑑定と診断名も争いになっている控訴審鑑定を単純に比較することはフェアではないが、控訴審の鑑定人は、被害妄想についても、「被告人は、かねて被害者兄弟が自転車やスケートボードに乗って会話するなどしているところに遭遇した折に、同人らが被告人の家族の会話を大きな声で再現していると認識していたが、これは聴覚過敏やタイムスリップ現象の結果としての幻聴であったと考えられる。このような体験を重ねたことなどから、被告人は、被害者らがストーカー行為をしている悪人であるとの被害妄想を抱くに至っており、この妄想の形成には、聴覚過敏ゆえに被害者らの騒ぐ声がより気になりやすかったことが寄与している可能性も十分にある」と自閉スペクトラム症の特性を踏まえてより具体的な考察をしており、当該鑑定の信用性を高めたように思われる。

　統合失調症の幻覚妄想状態で行われた犯行だと診断されるほうが裁判例の傾向からは責任能力を争いやすくはあるが、弁護人がよって立つ鑑定意見が裁判所に採用されなければ弁護人の主張は受け入れられないこととなる。統合失調症との鑑定を前提にするか、あるいは自閉スペクトラム症との鑑定を前提に、心神耗弱等の主張をするかについて鑑定の信用性を評価したうえで決めなければならない。

自閉スペクトラム症の責任能力

1　自閉スペクトラム症について、これを統合失調症やうつ病等と同様に精神の障害と扱うことに異論もありうると思われるが、公刊されている裁判例をみる限り、自閉スペクトラム症が精神の障害であること自体が否定された裁判例はないようである。

　他方、自閉スペクトラム症の特性・症状等が犯行に影響を与えたほとんどの事件で、完全責任能力と判断され、例外的に、二次障害等の精神病症状が犯行に影響した場合、心神耗弱と判断されている。[4] [5] [6]

　鑑定書をみても、自閉スペクトラム症の事例では、コミュニケーションの障害や共感性・社会性の欠如等が事件に影響したとしても、弁識能力・制御能力が著しいレベルで制限されることはないとされる例が多い。自閉スペクトラム症の場合、そのような障害が生来的な特性であることもあり、精神科医からも、「心の理論（theory of mind）の欠如で説明されるような認知の障害あるいは特徴が事件に関係していたとしても、これを

4　大阪高判平21・3・2 LLI/DB判例秘書登載「当時の被告人が、アスペルガー障害の患者としては極めてまれな程度の著しい幻覚妄想等の精神病様症状（心因性ないし反応性の精神病水準の幻覚妄想状態）に陥っていたなどとする当審鑑定人安藤久美子作成の鑑定書及び同人の当審証人尋問の結果の指摘をも考慮に入れて、被告人の認識内容や主観面を再検討すると、本件各犯行当時、被告人は、アスペルガー症候群と著しい幻覚妄想等の精神病様症状の影響により、自己の行為の是非善悪を区別し、これに従って行動する能力が著しく減退した心神耗弱の状態にあった」。

5　東京高判平19・5・29東高刑時報58巻1〜12号32頁「被告人が広汎性発達障害の特性の1つである強迫的傾向等の影響を強く受けて、両親に相談することや自傷行為を行うことを思い立ったものの、これを否定した直後に他害行為に及んだ可能性を払拭することはできないし、攻撃の対象の選択性も希薄で、丙鑑定には上記のとおりの疑問が残るといわざるを得ないのである。確かに、被告人の知能は高く、基本的な善悪の判断が困難となるような知能の遅れはないし、前記第2の1で指摘したように、被告人は、自らが行おうとしている行為の善悪はもちろん、それによって被害者に起こるべき事態を的確に予測できており、それが重大なことであるとの認識を有していながら、当該犯行に及んだものと認められるが、被告人は、②の犯行同様、①の犯行時においても、特定不能の広汎性発達障害に起因する攻撃的衝動の影響により、行動抑止能力が著しく減退した心神耗弱の状態にあった」。

6　実際の裁判員裁判における自閉スペクトラム障害事案の判決分析は、田岡直博「裁判員裁判における責任能力判断の変化（4・完）──判決一覧表の分析」季刊刑事弁護98号（2019年）78頁参照。公刊されていないが、宮崎地判平25・7・29は、「時に興奮して暴力的になる、些細な音に過敏になる、物事を被害的に受け取る、被害者が嫌がらせしてくると思い悩む」といった精神症状が犯行に影響を与えた（異常な思い込みに全体として強く影響されていた中で、その余のアスペルガー障害の二次的な問題も相まって、高まった衝動性を抑えることができなかった）として心神耗弱と判断している。

もって法的な意味での弁識能力の著しい障害があったとすることはかなり難しいと思われる」[7]とされる。

　自閉スペクトラム症が犯行に影響したというだけでは、弁識能力・制御能力がないといえず、責任能力を争うためには、自閉スペクトラム症の症状が犯行に与えた影響（機序）が、弁識能力・制御能力を大きく障害したことを主張・立証する必要がある。

2　本件では、控訴審弁護人は、控訴審鑑定を前提に、自閉スペクトラム症であったとしても心神喪失か心神耗弱であるとの主張をしたところ、控訴審判決は、「本件の直接の動機は、憤懣という了解可能なもので、被告人がともかくも殺人が処罰の対象となる犯罪であることは理解しており、適切さを度外視すれば他の行為を選ぶことも可能であったから、反対動機を形成して思いとどまることがかなり困難であったとはいえず、是非善悪の判断能力が欠如していたとか、制限の程度が著しかったということはできない」と判示して、完全責任能力を認めている。

3　控訴審判決の結論およびその理由づけの評価は、水谷報告に譲るが、自閉スペクトラム症の場合、裁判所は、基本的に、完全責任能力と考えている。弁護人は、単なる自閉スペクトラム症の生来的な特性の犯行への影響だけでなく、その特性を背景として、当該犯行が弁識能力あるいは制御能力が著しく障害された状況で行われたことを主張立証しなければならない。

　自閉スペクトラム症の生来の特性が犯行に影響しただけでは責任能力が減退しないとしても、本件のように「妄想」と評価できる症状があるケースや、二次障害がないとしても、自閉スペクトラム症の特性・症状が犯行に大きく影響し、弁識能力・制御能力が著しく制限され、法的非難は難しいと評価できる場合はあるように思われる。責任能力を争うために

7　岡田幸之「刑事責任能力再考──操作的診断と可知論的判断の適用の実際」精神神経学雑誌107巻9号（2005年）928頁。

は、そのような事情を丁寧に掘り下げていく必要がある。

　もっとも、以下で記載するとおり、無理に心神喪失あるいは心神耗弱を主張するよりも、自閉スペクトラム症の影響を犯情として主張して、大きな減刑事由であることを主張するほうが、事実認定者に、その障害特性および犯行への影響等を理解してもらいやすい場合もあるように思われ、常に心神喪失等の主張をすればよいというものではない。

　どのようなレベルの主張をするにせよ、弁護人は、鑑定人から、自閉スペクトラム症がどのような障害なのか、そして、その特性・症状等を事実認定者に理解できるように丁寧に聞き出す必要がある。そのうえで、自閉スペクトラム症が犯行にどう影響したか、その機序等を鑑定人等から聞き出し、弁識能力、制御能力に影響したことを丁寧に主張立証することになろう。

自閉スペクトラム症の量刑への影響

1　自閉スペクトラム症を有する被告人が行った刑事事件の量刑は、動機や行為にその精神障害が影響していると評価されても、なお厳しい量刑判断が行われることがある。[8]

　弁護人としては、量刑事情として、自閉スペクトラム症がどう位置づけられ、どのような意味で被告人にとって有利な事情となるのかについて説得的な主張立証が求められる。不利な犯情（計画性、行為の執拗さ等）についても、自閉スペクトラム症が影響したことを説明し、責任非難を高める事情と考慮することが相当ではないと主張すべき事案も多い。市民が参加する裁判員裁判では、被告人が地域社会に戻ったときに再犯することなく社会復帰する道筋、受入先等も示して、根拠のない再犯リスク等が不当に量刑判断に悪影響を及ぼさないような手当もしなければならない。

8　辻川圭乃「裁判員裁判において障害に対する無理解・偏見による厳罰化がなされた事例」日本弁護士連合会・日弁連刑事弁護センター＝日本司法精神医学会・精神鑑定と裁判員制度に関する委員会編『ケース研究　責任能力が問題となった裁判員裁判』（現代人文社、2019年）252頁。

2　本件でも、控訴審判決は、「弁護人が、所論の中で指摘する妄想等の動機への影響や、常識や道徳規範の欠如が合理的な選択肢を狭めた可能性は、被告人の責任の程度を軽くする要素として量刑において十分に考慮すべき事情に当たる」とし、量刑理由では「動機は、生来の自閉スペクトラム症の影響を色濃く受けたもので、加えて、最終的に被告人が殺人という過激な手段を選んだことにも自閉スペクトラム症の影響がある。上述のとおり、本件当時、是非善悪を判断し、行動を制御する能力が著しく制約されていたとはいえないものの、全く健全であったともいえないのであって、これらの点は、犯情として十分に考慮せねばならない」としている。

3　弁護人は、責任能力を争わず、量刑事情として主張をする場合でも、自閉スペクトラム症が、動機や行為に大きな影響を与えた犯情であり、被告人の責任非難を減少させる事情であることを積極的に主張しなければならない。そして、その主張の骨となるのは、精神科医の機序に関する分析であり、丁寧に掘り下げていく必要があろう。

　自閉スペクトラム症の特性が色濃く影響した事件は、一見すると、再犯のおそれなどを感じさせることもあると思われ、そのことで刑が不当に重くなることを防ぐ必要もある。検察官の懲役16年の求刑を超え、懲役20年の判決とした大阪地判平24・7・30について、五十嵐禎人医師が日本司法精神医学会の理事会報告の要旨を、次のとおり紹介しており、参考となる。[9]

弁護活動の問題
　○　鑑定人尋問において、アスペルガー障害が犯行にどのように影響したかについて、もっと尋ねるべきであった。
　○　鑑定人は、再犯のおそれはないと述べているが、鑑定人尋問のな

9　前掲注8論考の精神科医のコメント（264頁）。

かで、再犯のおそれがないことをもっと具体的に聞くべきであった。

○　執行猶予を提案するのであれば、少なくとも、具体的な受け入れ先を提案する必要がある。地域生活支援センターなどと連携して、どのような手立てを行えば、再犯なく社会で処遇できるかについて、具体的な提案がなされれば裁判体の結果も異なったものとなったのではないか。

精神科医のコメント

五十嵐禎人 いがらし・よしと　千葉大学教授

はじめに

　本事例では、被告人の犯行に関する認否が変転したことが大きな特徴といえる。裁判員裁判で行われた第１審では、被告人の認否は、否認と自認の間で変転し、審理はかなり混乱した。控訴審では一貫して強い否認の意思を示していたが、最終公判で被告人質問を却下されたこともあってか、結審１月後に唐突に控訴を取り下げ、弁護人・家族との接見も拒否した。控訴審裁判所は、控訴取下げを無効と判断し判決宣告にいたった。その後、被告人の了承をえたうえで弁護人は上告申立てを行ったが、数日後、被告人は独断で上告を取り下げ、控訴審判決が確定した。

　精神鑑定においても被告人の認否は変転していた。起訴前鑑定では、当初は、自認していたものの、途中から否認に転じた。また、控訴審で行われた精神鑑定では、通常の問診を行うことができず、被告人が事前に作成した書面を鑑定人が読み上げながら確認するという変則的な方法で問診が行われた。犯行についても当初は否認していたが、鑑定人が漫画を利用して本人の言い分を裁判官がどのように受け取るのかを確認するなどの働きかけを行うと、犯行を認めるようになった。それでも、多人数でやった、他人に命令されてやったなど明らかに事実に反する供述

をしていた。精神鑑定において、被鑑定人の犯行に関する供述が変化することはあるが、被告人のように短時間のうちに否認と自認の間で変転する事例はあまりないように思われる。

　こうした経緯に示されるように、本件では、弁護人も鑑定人も、被告人と十分なコミュニケーションをとることができない状況にあったといえる。控訴審鑑定書には、「被告人と接した人々は、おそらく皆、彼を『独特な人』であるという印象をもつ。しかしその独特さを十分にとらえた説明をすることは難しい」と記載されている。被告人のコミュニケーション障害の背景にはこうした被告人の「独特さ」があり、被告人の「独特さ」がどのような理由で生じており、それが犯行にどのような影響を与えていたのかを解明することが、控訴審の大きな課題となっていたように思われる。

精神医学的診断について

　起訴前鑑定を行ったＡ医師は、被告人を「統合失調症ないし妄想性障害」と診断し、第１審裁判所は、被告人の精神科診断として「統合失調症ないし妄想性障害」を認定した。これに対して、控訴審で職権鑑定を行ったＢ医師は、被告人を「自閉スペクトラム症」と診断し、控訴審裁判所は、被告人の精神科診断として「自閉スペクトラム症」を認定した。

　精神科診断について、鑑定人の間で相違がみられる事例はそれほど多くはない。また、近年の可知論的アプローチでは、精神科診断そのものよりは、精神疾患が犯行に及ぼした影響が重視されている。たとえば妄想型統合失調症と妄想性障害というようにきわめて似通った症状を呈する精神疾患の場合には、精神医学的な議論としてはともかく、刑事責任能力の文脈では、両者の厳密な鑑別診断を行うことにそれほど重要な意義があるとはいえない。実際、Ａ医師やその鑑定書に依拠した第１審の判決では、「統合失調症ないし妄想性障害」と診断されている。

　それでは、統合失調症と自閉スペクトラム症の場合はどうであろうか。

DSM-5[10]の診断基準によれば、統合失調症は、幻覚、妄想やまとまりのない思考・行動などを主な症状とする精神疾患であり、主に思春期・青年期に発症する。これに対して、自閉スペクトラム症は、社会性の障害（対人的相互作用の障害）、社会的コミュニケーションの障害、限定した興味と反復行動、感覚異常を主な特徴とする生来性の精神疾患であり、神経発達症群に位置づけられている。診断基準に掲げられた症状をみるかぎり、両者はまったく異なる精神疾患のようにみえる。しかし、自閉スペクトラム症と統合失調症の症状や状態像は一見すると類似したようにみえる点も多く、実際の臨床場面では、鑑別が難しい事例も少なくない。たとえば、統合失調症の人では、関係妄想、注察妄想などの被害妄想がよくみられるが、自閉スペクトラム症の人でも、被害妄想様の訴えが生じることがある。幻聴は、統合失調症の人によくみられるが、自閉スペクトラム症の人でも「声が聞こえる」と訴えることはしばしばある。本人の訴えを鵜呑みにせず、症状の内容や体験の仕方について丁寧に問診していけば、両者の鑑別を行うことは可能とされている[11]。しかし、症状という横断面の観察のみで両者の鑑別を行うことには限界があり、症状経過という縦断面の観察が鑑別診断の一番の決め手となる。すなわち、統合失調症の人では、発達に問題はなく、思春期・青年期以降に発症し、精神状態が変化を来した時点（屈曲点）が明確に認められることが多いのに対して、自閉スペクトラム症の人では、生後から自閉スペクトラム症に特有の症状が生じており、屈曲点は認められないという経過の相違である。

　A医師の鑑定書にも、こだわりや他者への共感性の欠如、聴覚過敏の存在をうかがわせる所見が記載されている。しかし、A医師は、自閉スペクトラム症[12]に関する心理検査の結果と、「幼稚園から小学校低学年に

---

10 American Psychiatric Association（日本精神神経学会監修、髙橋三郎ほか監訳）『DSM-5　精神疾患の診断・統計マニュアル』（医学書院、2014年）。
11 小坂浩隆「統合失調症と自閉スペクトラム症」精神科29巻5号（2016年）381～389頁には、統合失調症と自閉スペクトラム症の典型的な臨床症状の比較表が掲載されており、両者の鑑別点を知るうえで参考になる。
12 正確には、A医師の起訴前鑑定書では、「広汎性発達障害」と記載されているが、本稿では、

かけての明らかな不適応、対人関係が拙劣で友人ができない、極端な興味のかたより」など自閉スペクトラム症の特徴があきらかではなかったことから、自閉スペクトラム症の診断を否定し、統合失調症または妄想性障害と診断した。これに対して、B医師は、主に鑑定時（横断面）の観察に基づき、被告人の症状が自閉スペクトラム症の診断基準を満たすことを示したうえで、家族からの聴取で幼少児期に自閉スペクトラム症の特徴が報告されていないことについては、学童期前半までの自閉スペクトラム症の子どもは、対人関係だけをみるとむしろ愛嬌のある子、面白い子として認識されることがあり、そのために、自閉スペクトラム症の特徴に周囲が気づかなかった可能性を指摘している。また、被告人には、一見すると幻聴や妄想とみえる症状があるが、それらの症状は統合失調症にみられる幻聴や妄想とは内容や体験様式が異なる性質のものであること、勾留中、特段の薬物療法が行われていないにもかかわらず、精神症状の悪化がみられていないことなどから、統合失調症の診断を否定している。

　資料をみるかぎりでは、B医師の「自閉スペクトラム症」という診断は精神医学的にも妥当と思われる。[13] 被告人のコミュニケーションの障害や事後の認否の変転は、統合失調症の症状として説明することは困難であり、自閉スペクトラム症の認知特性を前提とすることによってはじめて説明することが可能となるものである。控訴審判決のいうように、B医師の鑑定は、「本件の犯意自体の奇妙さや事後の認否の態度の不可解さについても、得心がいく説明がなされている」といえよう。ただし、B医師の鑑定書には、幼少児期の被告人に具体的にどのような自閉スペクトラム症の特性が存在していたのかについては記載されていない。また、本事例の特殊性に起因するところもあるとは思われるが、精神鑑定書の記載も、定型的な精神鑑定書とはかなり異なるものとなっている。これ

「自閉スペクトラム症」に統一して表記する。
13 もっとも、自閉スペクトラム症に統合失調症が併存する事例も報告されている。犯行直後に被告人を診察したA医師が「統合失調症または妄想性障害」と診断していた本事例について、併存症としての統合失調症の診断を完全に否定してよいかについてはさらなる検討が必要なように思われる。

らの点は、精神鑑定書としてはいささか問題があるといえよう。

妄想が犯行に与えた影響の分析について

　本事例では、精神科診断名や機序の説明は異なるとはいえ、Ａ医師、Ｂ医師ともに被告人の被害者に対する被害妄想が犯行動機の形成につながったとし、控訴審判決も被告人には被害者が悪人であるという妄想があったことを認定している。しかし、控訴審判決は、殺害が違法であることは理解できる程度の是非弁別の判断能力があり、自らの意思で行動を制御することに支障はなかったとして、完全責任能力を認定した。資料以上の情報を得ることはできず、また、刑事責任能力が法的概念であることもあり、妄想の存在を認定しながら完全責任能力と認定した控訴審裁判所の法的判断についての評価は控えるが、控訴審の弁護人の弁護活動に関連して、妄想が犯行に与える影響の分析について、ひとことコメントをしておきたい。

　被告人に妄想がある事例では、その妄想が、一次妄想か二次妄想かが争点となることがしばしばある。たしかに、一次妄想は二次妄想より、より病的な体験であり、精神病理学においては両者の鑑別をめぐり精緻な議論が行われてきた。しかし、Ｂ医師も公判で証言しているように、一次妄想の方が二次妄想より、人の判断や行動に与える影響が大きいという知見が確立されているわけではない。妄想が人の判断や行動に与える影響の程度は、妄想の内容や妄想が形成された原因だけで決定されるものではなく、本人の確信度や犯行以外の行動への影響、犯行前後の精神状態や病状など、さまざまな知見を総合したうえで、個別具体的に評価するしかないように思われる。

　控訴審の弁護人は、診断名にとらわれずに、具体的な精神症状が犯行に及ぼした影響・機序を明らかにするという方針のもと、診断名としては責任能力の減免につながりにくい自閉スペクトラム症という診断を行った控訴審鑑定に依拠して弁護活動を行った。弁護人の主張は、最終的に控訴審裁判所には認容されなかったが、いたずらに診断名にこだわらず、

具体的な症状の影響・機序に着目する弁護活動は、近年の刑事責任能力をめぐる議論とも親和性の高いアプローチであったように思われる。

殺人未遂、銃砲刀剣類所持等取締法違反被告事件

（診断：妄想型統合失調症）

金沢地判平31・3・18　LEX/DB25563068

名古屋高金沢支判令2・7・28　LEX/DB25566594

心神喪失・無罪の判決を破棄し、心神耗弱・有罪の判断を示した事例

報告論文

北村勇樹　きたむら・ゆうき　金沢弁護士会

はじめに

　2019（平成31）年3月18日午前11時過ぎ。場所は金沢地方裁判所第205号法廷。弁護人席には、山本啓二弁護士（主任弁護人）と私が座っている。主文後回し。その瞬間、法廷内が色めき立ったのを今でも覚えている。

　結局、金沢地方裁判所における裁判員裁判初の無罪判決は、控訴審で破棄されてしまったが、今後の刑事裁判において、参考になる点があると思い、以下報告する。

本件の概要

　本件は、被告人が殺人未遂と銃砲刀剣類所持等取締法違反の罪で起訴された事件であり、公訴事実の要旨は、次のとおりである。

　被告人は、

　第1　2017（平成29）年8月27日午後9時40分頃から同日午後9時50

分頃までの間に、金沢市所在の被告人方2階廊下及び1階土間等において、警察官I（当時40歳）に対し、殺意をもって、その顔面や上半身等を目掛けて、所携のサバイバルナイフ（刃体の長さ約10cm）を数回突き出し、同人の顔面や左上腕部等を突き刺すなどしたが、同人に抵抗されるなどしたため、同人に全治約1年を要する左橈骨神経断裂及び全治約4週間を要する左額部切創、右上眼瞼切創等の傷害を負わせたにとどまり、殺害の目的を遂げず、

第2　前記日時頃、被告人方付近にある居酒屋店舗先路上において、警察官S（当時35歳）に対し、殺意をもって、その顔面等を目掛けて、前記ナイフを数回突き出し、同人の左頬部等を突き刺すなどしたが、同人に抵抗されるなどしたため、同人に加療約1か月間を要する左頬部貫通創、左下顎骨骨折等の傷害を負わせたにとどまり、殺害の目的を遂げず、

第3　業務その他正当な理由による場合でないのに、同日午後9時50分頃、前記第2記載の路上において、前記ナイフ1本を携帯した。

本件の争点

　被告人は、本件の約10年前に統合失調症と診断され、以後、通院治療を受けていたものの、2016（平成28）年12月に自己判断で通院治療も服薬も完全に中断して病状が悪化し、2017年7月27日（本件のちょうど1カ月前）に金沢市内で自動車を運転中、指定速度違反（30km/h超過）で検挙されて以降、石川県警察や県知事等に対する被害妄想が現れていた。

　本件は、指定速度違反で検挙された際に被告人が警察官に運転免許証を提出し、警察で預かったままになっていた運転免許証を被告人に返却するために警察官が被告人宅を訪れた際に発生した事件である。

　警察官Iは、被告人の同居家族の承諾を得た上でのことではあったが、被告人の自室前まで上がり込み、ドア越しに被告人に声を掛けたところ、被告人は自室にあったサバイバルナイフ（以下「本件ナイフ」という）を警察官Iに示して追い返そうとし、それに対し、警察官Iがそのナイフを

取り上げようと応酬した。被告人としては、本件ナイフを示して帰るよう言えば、警察官は帰ると思っていたものの、予想外にも警察官がひるまずに応酬してきたため、このままでは警察官から攻撃されて寝たきりにされるという身の危険を感じ、警察官を本件ナイフで刺すことにした。被告人にナイフで刺された警察官Ⅰは、戸外に逃げ出したものの、被告人は、警察官Ⅰが仲間を連れて戻ってくるかもしれないなどと考え、警察官Ⅰを追撃し、路上にいた警察官Sにも攻撃を行った。

　以上が本件の経緯であり、主な争点は、責任能力の有無（検察官は心神耗弱を、弁護人は心神喪失を主張）である。

　なお、本件では、起訴前鑑定が実施され、鑑定受託者（以下「鑑定医」という）が第1審および控訴審の公判で証言を行っており（ただし、控訴審は職権採用）、同鑑定医の証言をどう評価するかが、控訴審も含めて問題となった。

第1審判決

　第1審は、被告人による本件各行為について、被告人の正常な精神作用による影響、すなわち、もともとの人格に基づく判断によって敢行されたといえる部分が残っていたかどうかという判断枠組みのもと、「被告人は、本件各犯行当時、自己の行為を正当な行為と認識し、違法性の意識を欠いていたものであり、これについて、本件鑑定を前提としても、妄想型統合失調症の症状としての被害妄想及び神経認知機能障害の全面的な影響による可能性が否定できず、行為の善悪を判断してその判断に従って悪い行為をしないよう自己を制御する能力、そのうちとりわけ善悪を判断する能力を欠いた状態にあった可能性がある。したがって、本件各行為当時、被告人が心神喪失の状態になかったと認めるには合理的な疑いが残る」と判断した。

　なお、本件各行為当時の被告人の具体的な精神状態や本件各行為に対して妄想型統合失調症が与えた影響の機序について、鑑定医は、一部、正常心理として説明できるものがあると証言していたものの、第1審は、

それも被害妄想という統合失調症の症状を基に生じたという見方が成り立つ可能性があり、さらに、鑑定医自身、被告人が本件各行為当時、違法性の意識を欠いていた可能性を示唆していることからすれば、「本件鑑定を尊重しても、被告人が本件各行為に及んだことについて、正常な精神作用の影響が残っていたことには疑問が残る」とした。

第１審判決では、いわゆる「７つの着眼点」の１つでもある「違法性の意識の有無」に重点が置かれ、第１審は、「被告人は、本件各行為について、客観的には正当防衛状況や誤想防衛が認められる事実関係の認識がなかったにもかかわらず、本件各行為終了から約20分後のツイート以降、捜査段階及び公判段階を通じ、一貫して正当防衛であったと主張しており、本件各行為当時も同様に正当な行為と考えていたものとうかがわれる。そして、その原因は、単純な法の不知によるものではないことは明らかである上、本件鑑定によれば、統合失調症の症状である被害妄想及び神経認知機能障害の影響である可能性を否定できない」と判示した。

第１審判決に対する評価

以上のとおり、第１審判決は、被告人が、本件各行為当時、心神喪失の状態になかったと認めるには、合理的な疑いが残る、すなわち、検察官において、心神喪失の状態になかったことの立証がなされていないとして、無罪の言渡しをした。

本件鑑定医は、主尋問において、自らが起訴前に作成した鑑定書の記載から変遷する内容の証言をしたほか、いわゆる「８ステップモデル」の５ステップ以降の事柄について言及するなどしており、どこまでその証言を信用し、さらには、精神医療の専門家の意見として、どこまで尊重すべきかをめぐり、特に裁判員は、悩ましい判断を迫られたと想像している。それでも、第１審は、結果的に、鑑定医の証言内容のすべてを信用できないとして排斥するのではなく、採用できる部分を慎重に選び出して、適切な判断へと結びつけたのではなかろうか。評議の様子を直接見たわけではないが、そう感じさせる判決書であったと改めてそう思う。

しかし、控訴審は、第1審が責任能力の判断枠組みを誤ったとまで述べて、逆転有罪判決を下した。

控訴審判決

　「刑法が行為者に刑罰を科することの前提として、行為者の責任能力を問題にしているのは、行為者が自己の行為が違法行為であることを認識する可能性があり、その可能性に基づいて、その行為を行わないことが可能であったにもかかわらず、あえてその行為を選択したといえることが、刑法上の法的非難を向けることの前提として必要とされるためである。したがって、責任能力の存在を認める上で最低限必要なのは、行為者が残された正常な精神機能を働かせることによって、その行為を思いとどまることを法的に期待すべき状態にあったといえることであるといえる。そして、原判決がいうように、行為者がその行為に及んだ動機に、（精神障害の影響を受けていない）正常な精神作用の影響があったとは必ずしもいえない場合であっても、精神障害が及ぼした影響の程度もまた圧倒的なものではなく、残された正常な精神機能を働かせることにより、その行為を思いとどまることを法的に期待すべき状態にあったといえることは、十分に想定可能であり、このような状態にあったとすれば、責任能力がなお存在していたといえるから、責任能力の判断にあたっては、そのような観点からも、行為者の精神障害が及ぼした影響の具体的内容を検討することが必要というべきである」。

　「また、行為者がその行為を思いとどまることを法的に期待すべき状態にあったといえるためには、行為者が自己の行為が違法行為であることを認識する可能性があったことが前提として必要になるものの、そこで必要とされるのは、現に行為者が行為当時に行為の違法性を認識していたことではなく、行為者が行為を思いとどまることを期待すべき程度に行為の違法性を認識することが可能な状態にあったことであり、それを判断する上でも、行為者の精神障害が及ぼした影響の具体的内容を検討することが必要であるといえる」。

「しかしながら、原判決の説示によると、原判決が、被告人の責任能力を判断するに当たり、それらの観点から十分な検討を加えたのか否かについては、判然としないところがあるといわざるを得ない」。

　そう判示した上で、控訴審は、警察官Ⅰ来訪以前の被告人の精神状態と警察官Ⅰ来訪時の被告人の精神状態についてそれぞれ検討を加え、被告人が本件各犯行に及んだ動機について、正常心理によっても了解可能なものとみることはできないとしつつ、次のように述べる。

　「被告人が、妄想型統合失調症の病状の悪化と、一次妄想としての妄想気分を背景に、警察官に対する被害妄想の影響や認知特性の影響も加わって、警察官Ⅰに対し、強い警戒心や猜疑心を抱いていたにしても、その警戒心は漠然としたものであり、被告人が隠し持っていたサバイバルナイフを取り出し、警察官Ⅰがこれを取り上げようとするまでの間は、同警察官から具体的に何らかの危害を加えられると思っていたわけではないことが認められる」。

　「したがって、被告人が隠し持っていたサバイバルナイフを取り出したのは、警察官Ⅰが目前にいる（腹が立つと共に不安や警戒心を駆り立てられる）という不快な状況に耐えられなくなり、同警察官をナイフで脅して追い返そうとしたものと考えられるのであって、幻覚、妄想等の影響により、自己の生命、身体に対する切迫した危険を感じていた場合ほどには、その意思決定を強いられていたわけではないといえる」。

　また、控訴審は、「少なくとも、被告人が当初から警察官Ⅰの来訪を『不正の侵害』と捉えていたことは明らかであり、手段の過剰性を考えることなく、同警察官を追い返す行為を『正当防衛』と考えていた可能性は、にわかに否定することができない」と述べつつも、「サバイバルナイフを用いて同警察官を刺すという行為が、その生命、身体に対して重大な危険を及ぼす行為であることは、本件当時の被告人も当然に認識していたと考えられる。実際に、被告人は、部屋の前に上がって来た警察官Ⅰと対峙するに当たり、サバイバルナイフを手に持っていることのリスクを考え、これを脇の下に隠した上で、同警察官にいきなり襲い掛かることもなく、来訪の意図を確認したり、口頭で退去を要求するといった対応を

不十分ながらも試みたことが認められる。これらの事実は、被告人が、本件当時、衝撃的で緊張、不安、恐怖、混乱、猜疑心といったネガティブな感情が相当強い状態で表れていた中にあっても、一定の現実検討能力や行動制御能力を有していたことの表れといえる」。

「そうすると、本件各犯行当時の被告人は、サバイバルナイフで警察官Ｉを襲うことの違法性を認識することがおよそ不能な状態にあったわけではなく、そこに至る危険性や、その違法性を認識して、サバイバルナイフを隠し持つことや、これを用いることを思いとどまることを期待すべき程度の正常な精神機能を残していたと認められる」。

「以上によれば、本件各犯行当時の被告人は、心神喪失状態にはなく、心神耗弱状態にとどまっていたと認められる」。

「これと異なり、被告人が心神喪失状態にあった疑いがあるとした原判決は、責任能力の判断枠組みを誤り、被告人に残された正常な精神機能を働かせることによって、その行為を思いとどまることを法的に期待すべき状態にあったといえるか否かについて、十分な検討を加えなかった結果、不合理な結論に至ったものというべきであり、判決に影響を及ぼすことが明らかな事実の誤認があると認められる」。

なお、控訴審は、本件各犯行は、統合失調症の影響による、強い不安や恐怖、困難の中で行われたものであり、その影響は著しいものと認められることや、本件当時の被告人には、犯行を思いとどまることを期待すべき正常な精神機能も残されていたと認められるものの、決してそれが容易であったとはいえないこと等の事情を指摘して、本件は実刑をもって臨むことが原則というべき事案であるものの、なお、刑の執行を猶予する余地も残されており、被告人の病状を改善し、再びこのような被害が発生することを防ぐためには、その刑の執行を猶予し、医療観察法に基づく医療へと被告人を繋げることが最も望まれるとして、懲役３年５年間執行猶予（原審検察官の求刑は懲役８年）の判決を下した。

おわりに

　本件について、控訴審が、責任能力、すなわち、行為の善悪を判断してその判断に従って悪い行為をしないよう自己を制御する能力の中でも、特に、善悪を判断する能力が問題となる事案と捉えたのか、その判断に従って悪い行為をしないよう自己を制御する能力が問題となる事案と捉えたのか、判然としないところはあるが、これだけは問題提起しておきたい。

　たしかに、責任能力判断に法的な規範的判断が伴うこと自体は否定できない。しかし、「違法行為と認識する期待可能性」という概念を持ち出すことで、心神喪失の立証責任を実質的に検察官から被告人に転換していないだろうか。

　日々生活している以上、正常な精神機能がすべて失われてしまっているなどということは考えられず、どんなに重篤な精神障害を抱えていようとも、何らかの正常な精神機能は維持されているはずである。そのような中で、「犯行を思いとどまることを期待すべき正常な精神機能が残されていない状態」と「犯行を思いとどまることを期待すべき正常な精神機能は残されていたものの、決してそれが容易であったとはいえない状態」とをどう峻別するのだろうか。

　そして、「法的に期待すべき状態」とは、誰がそう期待する状態を指しているのだろうか。社会なのか、それとも、法を司る者なのか。

　心神喪失、心神耗弱、完全責任能力のそれぞれの基準をどのように考えるべきか、そして、それらのいずれに該当するのかの判断作業はどのように行っていくのか、はたまた、医療への接続をどのように図っていくのか、などといった点を改めて議論していく必要があろう。

　本件は、現在、最高裁判所に上告審が係属しており、また、紙幅の関係もあり、ここでは問題提起をするにとどめるが、本拙稿が関係各位の議論の参考になれば幸いである。

久保有希子 〈くぼ・ゆきこ〉 第二東京弁護士会

はじめに

　本件の特徴は、①第１審では起訴前鑑定の鑑定人（以下「起訴前鑑定人」という）の尋問のみが行われ、控訴審でも起訴前鑑定人について職権で尋問が行われたこと、②控訴審は、第１審の責任能力の判断枠組み自体を否定したこと、である。

　以下では、この２点を中心にコメントする。

起訴前鑑定について

　本件では、起訴前鑑定の鑑定書の主文は心神耗弱となっていた。弁護人としては、結論部分はともかく、判断過程には心神喪失を主張する根拠となる事情が多数含まれているということで、鑑定請求は行わず、起訴前鑑定を活かして心神喪失を主張するという戦略をとったとのことである。結論として、第１審では無罪判決となっているが、活かす予定であった尋問が法廷で殺す尋問に変わり、その上での無罪判決となったとのことである。急遽戦略が変わったとしても、その場で対応できたのは、弁護人らが事前に準備していた結果であろうが、必ずしもそれが功を奏するとは限らないことから、戦略についての評価は難しい面があるようには思う。

　まず、一般論として、起訴前鑑定人について、活かす戦略であれ、殺す戦略であれ、事前に面談を申し入れることを検討しなければならない。中には「検察官から委託されている」ということを理由に弁護人の面談を拒否する起訴前鑑定人もいる。そのような対応をとられた場合には、そもそも公平性・中立性に疑問が生じ、法廷でも不利な証言をすることも予想されることから、その時点で、再鑑定の請求の要否を検討すること

になろう。

　また、起訴前鑑定人と面談した結果、不利な内容となることが予測できた場合や問題があると判断した場合には、やはり再鑑定の請求の要否を検討することになる。

　さらに、面談した上でなお、起訴前鑑定人を活かす戦略をたてる場合も当然ありうる。その場合でも、鑑定書の記載の趣旨をよく確認し、口頭での証言になるとどのような表現になるのかに留意しなければならないことは当然のことである。たとえば、書面では心神喪失に使えそうな事情であっても、法廷で趣旨を確認すると弁護人が事前に想定・期待していた内容と違うということは珍しくない。このような事態は、事前の面談で詳細を聞き取ることにより、ある程度、解消できることもある。

　しかも、あらかじめ面談していたとしても、専門家の証言は法廷でニュアンス等が変わることは往々にしてある。特に、鑑定書に心神耗弱という結論が記載されている場合、心神喪失を主張する弁護人に対して、法廷では面談時よりも敵対的になったり、慎重に証言したりするということが想定できる。

　本件では、第1審の証人尋問調書を検討する限り、起訴前鑑定人の資質自体に問題があると言わざるをえない。たとえば、弁護人からの「弁解録取手続を受けたときの1時間くらいの動画は見たか」という質問に対し、「ちょっとしか見ていません」「ほかのことしながらちらちらっと見とったんで、5分から10分」と証言している。また、その理由を質問すると、「だって、面白くない。それに全てをかけるだけの時間がないんです」と証言している。被告人の供述調書や入通院時のカルテについても、「全部は読まない」と証言している。正直な回答ではあるが、十分な鑑定資料が鑑定の基礎になっているかは疑問があると言わざるをえない。結果として、かかる証言を全面的に採用することはできないとして、心神喪失の判断がなされたものといえる。このような点については、事前に起訴前鑑定人にぶつけると手当をされる可能性がある反面、法廷でいきなりぶつけて「きちんと検討しました」という回答があった場合には、証言の信用性を高める結果となる。

さらには、弁護人からの「一般人は、自分がスピード違反をして即決裁判に行かず免許証を返却し警察官が自宅を訪問した場合にどう思うか。警察官に迷惑をかけたと思うのではないか」という趣旨の質問に対し、起訴前鑑定人は「僕は教師とか警察官が嫌いです。嫌ですね」などと証言しており、このような起訴前鑑定人の価値観が「被告人の感じ方は正常な心理として説明できる」という判断に影響したとすれば、「正常な心理」として説明できる範囲が広がった可能性もあろう。

　そして、控訴審では、改めて起訴前鑑定人の証人尋問が職権で採用され、それをもとに有罪の認定がなされている。しかし、上記のような起訴前鑑定人の問題点を踏まえると、仮に控訴審において第1審判決に疑問を持ったのだとしても、控訴審では、職権で起訴前鑑定人を採用するのではなく、新たな鑑定を行うべきだったように思う。

責任能力の判断枠組みについて

　弁護人のケース報告にあるとおり、控訴審判決は、第1審判決につき「責任能力の判断枠組みを誤」ったと批判している。この点、第1審判決は"正常な精神作用による影響、すなわち、もともとの人格に基づく判断によって敢行されたといえる部分が残っていたといえるか。精神障害の影響により違法性の意識を欠いていた可能性を否定できるか"という枠組みで判断している。これに対して、控訴審判決は、"動機に正常な精神作用の影響があったとは必ずしもいえない場合でも、残された正常な精神機能を働かせることにより、その行為を思いとどまることを法的に期待すべき状態にあったといえる場合には、責任能力が存在していたといえる。また、前提として、行為者が行為を思いとどまることを期待すべき程度に行為の違法性を認識することが可能な状態にあったことが必要である"という枠組みを提示した。

　しかし、弁護人は責任能力の判断枠組みにつき「8ステップ」を意識し

た予定主張記載書面等を提出しており、裁判所も平成19年度司法研究[1]や平成27年度司法研究（8ステップを推奨）[2]をベースにした争点整理等を行っていたとのことである。第1審判決も、これらを踏まえた表現になっている。

　たしかに、8ステップによれば、精神障害が犯行に与えた影響の程度（ステップ4）と弁識能力および制御能力の有無・程度（ステップ7）は、異なる次元の問題である。前者は精神医学的判断であり、後者は法的判断である。精神医学的には、精神障害の影響のみであるという場合（すなわち、正常な精神機能の影響がない場合）であっても、法的判断としては弁識能力・制御能力があるとされる場合はありうる。ただ、平成19年度司法研究は、「精神障害の影響による犯行か、もともとの人格に基づくか」という説明概念を提案し、平成21年最決[3]もこれを前提とした判示をしたと理解されていた。第1審判決も、この説明概念を使っていたようである。控訴審判決がそれを否定したのだとすれば、最高裁判例や司法研究とは異なった判断だということになる。

　また、控訴審判決は、被告人が「正当防衛」と考えていた可能性が否定できないと述べつつ、「サバイバルナイフで警察官を襲うことの違法性を認識することがおよそ不能な状態にあったわけではなく、そこに至る危険性や、その違法性を認識して、サバイバルナイフを隠し持つことや、これを用いることを思いとどまらせることを期待すべき程度の正常な精神機能を残していたと認められる」として心神耗弱と認定している。このような判断方法であれば、「人を殺すことは違法ではあるが、身を守るためにはやらざるを得ない」という思考から犯行に及んだ場合も、責任能力はあるとされてしまいかねない。立証責任の観点からも、弁護人に、違法性の認識が不可能なことの証明を求めているように思われる。結局、

1　司法研修所編『難解な法律概念と裁判員裁判』（法曹会、2009年）。
2　司法研修所編『裁判員裁判において公判準備に困難を来した事件に関する実証的研究』（法曹会、2010年）。
3　最決平21・12・8刑集63巻11号2829頁。

控訴審判決の立場では、（裁判官の主観において）違法性を認識することがおよそ不能な状態でない限り心神喪失が認められなくなり、心神喪失が認定される事案がかなり限定されてしまうおそれがある。

精神科医のコメント

今井淳司　いまい・あつし　東京都立松沢病院精神科部長

はじめに

本事例では、起訴前嘱託鑑定が行われ、裁判員裁判による第1審の公判に鑑定人が出廷しプレゼンテーションを行った。その過程で、鑑定の手法の問題、刑事責任能力鑑定に認知リハビリテーション的視点を用いることの危うさ、標準的精神医学的知識を用いて刑事責任能力鑑定を行うことの重要性、公判におけるプレゼンテーションや証言のあり方、鑑定医の守備範囲、といった刑事責任能力鑑定におけるさまざまな留意点が浮かび上がった。

鑑定の手法の問題

本件鑑定では、被告人は10年以上にわたる病歴を有しているにもかかわらず、被告人への面接が十分に行われておらず、精神医学的考察の前提となる基礎情報が不足している感が否めない。

実際、病前もしくは薬物療法を継続し安定していた時期の被告人の人格については、「素直で聞き分けの良い子」との病前性格の記載があるのみであり、本件犯行時の病的体験以外の本人の思考や行動への精神障害の影響を評価するための情報が欠損している。鑑定人尋問において、鑑定人は一件記録について「全部読んでいたら仕事にならない」と答え、取調べ時の動画についても「5分か10分見ただけ」と述べた。鑑定のために

提供された資料を精読することは刑事責任能力鑑定の基本[4]であり、これでは、鑑定の手法に問題があると言われてしまう可能性がある。

　また、本件鑑定では、鑑定事項として責任能力判断も求められている。鑑定書本文の考察においては7つの着眼点を用いて、「動機は明らかに不合理で了解不能なもの」「突発的・衝動的に犯行を犯したもので、疾病が大いに影響している」「正当防衛だと認識しており違法性の認識はない」「犯行は本来の人格に対して異質性のものであり、病的体験に由来するもの」「動機は被害妄想に基づき了解不能で、行動は被害妄想に基づく動機に一貫しており、本人にとっては合目的なものだった」と、犯行に対する精神障害の影響が強いものであるかのような評価をしている。にもかかわらず、鑑定主文は、「統合失調症により事の是非善悪を弁識する能力は著しく障害されていた。行動を制御する能力はある程度障害されていたが著しくはなかった」となっており、結論が本文の考察と乖離している。

　そして、この乖離を埋める根拠の記載は不十分である。弁識能力が完全に喪失していたとは言えない根拠として、鑑定面接中に興奮や滅裂がなかったこと、事件当日まで買い物や身の回りのことは行え、食事や睡眠もとれ、知的能力が保たれていたこと、を挙げ、行動制御能力の障害が著しくはなかった理由として、犯行は冷静に行われていること、追想可能なこと、犯行後に、血のついた手を洗ってから衣服を着替え、コンビニで買い物をし、スピードに注意しながら逃走するなど合目的的な行動がとれていること、などを挙げている。

　鑑定時の精神状態や平素の生活の様子、記憶の保持、犯行後の行動や合目的性などはあくまで背景因子に過ぎない。犯行当時の精神障害と犯行との直接的な影響を軸に、精神障害の犯行への影響の程度を査定する必要がある。

4　岡田幸之「刑事責任能力鑑定の実際」五十嵐禎人＝岡田幸之編『刑事精神鑑定ハンドブック』（中山書店、2019年）22〜32頁。

刑事責任能力鑑定に認知リハビリテーション的視点を用いることの危うさ

　鑑定人は公判におけるプレゼンテーションにおいて、認知リハビリテーションや認知行動療法の領域で主に用いられる、「結論への飛躍 (Jumping to conclusion: JTC)」、「こころの理論 (Theory of Mind: ToM)」、「原因帰属バイアス」といった概念を用いて、被告人に認める精神病症状を「その人らしさ」に基づく認知特性や行動特性であり精神病症状ではない、と説明した。

　鑑定人が引用した書籍[5]を確認すると、「統合失調症の行動上の特徴は、統合失調症患者だけに認められる行動である、などと言おうとしているわけではない」「それは程度の違いでしかない」としながらも、「だからといって統合失調症患者といわゆる正常人が、無限に連続しているということにはならない」「両者をあまり単純に同一視することもまったく共通性がなく異質だと考えることも、ともに間違いである」とも記載されている。

　鑑定人に求められるのは、まさにそれらの行動特性が精神障害発症によるものなのか、病前から存在する被告人の人格特性に基づくものなのかを識別することである。にもかかわらず、鑑定人は病前の本人の行動特性との比較なく、被告人の犯行時の認知や行動を「その人らしさ」と断定している。

　このように、認知リハビリテーションや認知行動療法といった主に治療目的で発展した分野の概念を刑事責任能力鑑定に用いることは危うさをはらんでいる。たとえば、統合失調症に対する認知行動療法では、幻覚妄想を正常心理からの連続的体験と位置づけ、「誰でも経験しうる体験」と説明することにより、精神病体験を受け入れやすくするノーマライジ

5　昼田源四郎『統合失調症患者の行動特性——その支援とICF〔改訂増補〕』（金剛出版、2007年）

　［ケース3］殺人未遂、銃砲刀剣類所持等取締法違反被告事件

ングという手法がとられることがある。[6] しかし、精神病体験が正常との連続的体験であるという考え方は、治療的有益性こそあるものの、精神医学界全体の定説となっているわけではない。このような治療のための概念を濫用すると、本件鑑定のように病的体験も「その人らしさ」で片づけられてしまい、犯行への影響を過小評価してしまう危険性がある。

標準的精神医学的知識を用いて刑事責任能力鑑定を行うことの重要性

鑑定人は「陽性症状、陰性症状は古い」と言い切る。陽性症状や陰性症状といった概念は、精神医学のどの教科書を見ても記載されている内容であり、決して排斥された概念ではない。

米国には、「科学的に妥当な手法で求められた結論で、その専門的な学会の中で疑問のないものとして受け入れられている」知識に基づいて刑事責任能力鑑定を行うことを要請する「フライエ準則（Frye rule）」[7]が存在する。他国の概念ではあるが、わが国の刑事責任能力鑑定において求められているものも同じだろう。法曹や裁判員が知りたいのは、鑑定人個人の私的見解や最先端の知見に基づく精神医学的評価ではなく、一般的な精神医学的知見に基づいた精神障害の有無の同定とそれが犯行に与えた影響である。そう考えると、鑑定医には、より標準的な精神医学的知識に基づき、一般的な精神科医の多くが納得できるような理論構成で鑑定書を作成する姿勢が求められる。

---

6 Wright J.H, Turkington D, kingdom D.G, et al. Cognitive-Behavior Therapy for Severe Mental Illness: An Illustrated Guide (American Psychiatric Publishing, 2006) (古川壽亮監訳)『認知行動療法トレーニングブック　統合失調症・双極性障害・難治性うつ病編』(医学書院、2010年) 63～75頁。

7 岡田幸之「裁判員裁判と精神鑑定」五十嵐禎人編『専門医のための精神科臨床リュミエール1　刑事精神鑑定のすべて』(中山書店、2008年) 63～76頁。

公判におけるプレゼンテーションや鑑定人尋問での証言のあり方

　プレゼンテーションでは、統合失調症の歴史から発症機序に至るまで、法曹や裁判員には不要と思われる学問的説明が多くを占めた。鑑定人尋問の時間は限られており、特に裁判員裁判の場合、裁判員に与える認知的負荷は最小化する必要がある。事例に応じて焦点を絞り、情報量は必要かつ十分な量に抑える必要がある。

　また、鑑定書では精神病症状の犯行への影響を強く認定していたにもかかわらず、プレゼンテーションでは、鑑定書段階ではほとんど触れられていない認知機能的解釈により、精神病症状ではなく「その人らしさ」による影響である旨を全面的に主張した。さらに、鑑定人尋問では、鑑定書とプレゼンテーションいずれでも触れられていない、「怒り」の感情の犯行への影響に言及するなど、説明の一貫性が保たれていなかった。

鑑定医の守備範囲

　鑑定人は、公判前整理手続段階での弁護人からの質問に対する回答書の中で、「精神障害者といえども罪を償う義務がある」「安易な心神喪失判定は、患者の治療、社会復帰にとって妨げになる」と持論を述べた。

　刑事責任能力鑑定に求められるものは、精神障害と犯行との関係の説明であり、司法が責任能力判断を下すための資料を提示することである。その後の治療のことを想定することには謙抑的である必要があるし、触法精神障害者の処遇に関する持論を鑑定内容に反映させることは厳に慎まなければならない。

おわりに

　以上、本件鑑定周辺に認めたさまざまな問題点を述べたが、これらは日本司法精神医学会が主催する鑑定ワークショップなどで繰り返し伝達されている内容がほとんどである。その意味で、刑事責任能力鑑定に関

　［ケース３］殺人未遂、銃砲刀剣類所持等取締法違反被告事件

する基本的な知識の普及や鑑定の質の向上は急務であるといえる。他方、鑑定人に求められる水準が向上すればするほど、ただでさえ少ない刑事責任能力鑑定を担える精神科医が減るというジレンマもある。刑事責任能力鑑定の普及と質の向上という一見両立困難な課題を、各種研修会などを通じて克服していく必要がある。

殺人被告事件
（診断：統合失調症）
千葉地判平28・12・20　LEX/DB25544939

心神喪失により無罪となった
殺人既遂事件

報告論文

中井淳一　なかい・じゅんいち　千葉県弁護士会

事案の概要──依頼者の人物像と事件

　本件の依頼者は43歳（事件当時）の男性であり、被害者は、同居していた71歳（同）の母親である。

　依頼者は、高校を卒業したころに統合失調症を発症し、以後、長年にわたり入通院を繰り返していた人物であった。過去には、大量服薬による自殺未遂や、近隣住民への不穏な行動といったエピソードがあったが、前科はなく、暴力的な傾向はあまり見られなかった。また、両親が実の親ではないという血統妄想が根強くあった。

　事件当時、依頼者は、母親と２人暮らしだったが、事件前に、依頼者から母親に対する暴力や暴言は一度もなかった。高齢の母親もパーキンソン病を患っていて生活能力は十分でなく、日常生活にはヘルパーの助力を得ていた。

　事件前の依頼者の統合失調症は慢性期で、残遺状態（感情鈍麻、思考の貧困や弛緩、認知障害）にあり、就労はしていなかった。１カ月に１回、母親に付き添われて精神科に通院する他は、あまり社会との接点がない生活を送っていた。

　そうした状況で、依頼者が、自宅内で、同居する母親を家にあった包

丁や鋏で100カ所以上もめった刺しにしたというのが、本件の事案である（ただし、目撃者はおらず、依頼者からも詳細な供述は得られなかったため、具体的な犯行状況は最後まで不明であった）。

当職と佐藤隆太弁護士（千葉県弁護士会）が国選弁護人に選任され、2名で弁護活動を行った。

捜査段階——コミュニケーションのとれない依頼者

当職は、依頼者に対する勾留請求の前日に、当番弁護士として初回の接見をした。しかし、依頼者は、話の途中ですぐに眠り込んでしまい、こちらからの問いかけにもほとんど応じてくれなかった。そうした状況は、精神鑑定のために鑑定留置がされる頃まで続いた。そのため、それまでの間、依頼者とは満足なコミュニケーションをとることはできず、事件に関する記憶を十分に聴き取ることはできなかった。[1]

後になって判明したことであるが、事件当時、依頼者は怠薬により統合失調症の症状が悪化していた。そのため、留置施設で服薬を再開すると、薬の効き目が強く出て、傾眠傾向があったようである。

結局、依頼者は、精神鑑定（起訴前本鑑定）のため鑑定留置となり、鑑定はN医師が担当することとなった。

鑑定留置となる前や鑑定留置期間中、弁護人は、依頼者の主治医や、母親と関わっていた福祉担当者らと面談して事情を聴取したが、依頼者本人からの情報提供がないため、捜査機関が把握している以上の情報は得られないように思われた。そのため、起訴前鑑定に当たって、弁護人からN医師に情報提供等を行うことはしなかった。

弁護人には、まったくコミュニケーションをとれない接見時の依頼者の様子や、高齢の母親を突如めった刺しにしたという事件の概要から考えて、公判請求はされないのではないかという楽観的な見込みがあった。

1　なお、鑑定留置後は、依頼者が接見時に眠り込んでしまうようなことはなくなったが、それでも疎通性は非常に悪かった。公判が近づくにつれて徐々に改善していったが、事件に関する詳細な供述は最後まで得られなかった。

しかし、その見込みは裏切られ、鑑定留置期間満了後、依頼者は公判請求された。

公判前整理手続──50条鑑定の採否

1　ポイント

本件の公判前整理手続におけるポイントは、弁護人から精神鑑定（50条鑑定）の請求を行い、それが採用されたことである。[2]

2　N医師の鑑定に対する弁護人の疑問

検察官の請求証拠には、起訴前に精神鑑定を行ったN医師の鑑定書が含まれており、その結論は、事件当時の依頼者の事理弁識能力及び行動制御能力が「著しく減退していた」というものであり、心神耗弱の結論を読み取れるものであった。

しかし、弁護人としては、N医師の鑑定の根拠に疑問を感じる点があった。

まず、依頼者は、N医師の問診において、事件についてほとんど話をしておらず、当然、動機や経緯についても語られることはなかった。しかし、N医師の鑑定書においては、母親を殺人することの現実的な動機（金銭要求、通院拒否、過去の通院の怨恨）が「仮定」され、その「仮定」を基に、疾病と犯行の関係が分析されているように思われた。客観証拠から認定できず、依頼者自身も語らない動機を前提とするN医師の鑑定手法には、問題があるように思われた。

また、そもそも、接見時の依頼者の様子や関係者からの聴取結果からして、依頼者の統合失調症が非常に進行していることは明らかであった。そして、同居する母親を100カ所以上めった刺しにするという事件内容も理解しがたいものであった。

2　なお、本件では、責任能力の有無のほかに、正当防衛（過剰防衛）の成否も争点となっていたが、本稿のテーマとは異なるため、正当防衛等に関する弁護活動については割愛する。

こうした点から、当職らは、Ｎ医師とは別の精神科医に意見を求める必要性を強く感じ、千葉大学社会精神保健教育研究センターの五十嵐禎人医師にコンタクトをとった。

3　五十嵐医師から見たＮ医師鑑定の問題点

五十嵐医師からは、Ｎ医師の鑑定内容について、主として以下のような点で疑問があるとの意見が得られた。

すなわち、依頼者には、犯行前後の明らかな亜昏迷状態[3]が観察されていた。亜昏迷は、統合失調症の悪化を示す一つの兆候であるが、Ｎ医師の鑑定ではこの点を十分に考慮していないため、依頼者の犯行時の精神状態や犯行に統合失調症が与えた影響を実際よりも軽度に評価している可能性があるとされた。

犯行前後の防犯カメラ映像を確認すると、依頼者が駅構内やスーパーの店頭で数分間直立不動でたたずむ様子が映っていた。Ｎ医師の鑑定でも、このようなエピソードから依頼者に亜昏迷があることを認めていたが、五十嵐医師は、それが病状との関係で十分に評価されていないことが問題点であるとした。

弁護人は、Ｎ医師の鑑定がこのような視点から問題になることには考えが及んでいなかった。鑑定の妥当性について判断するためには、専門家の助力が重要であることをあらためて痛感した。

4　50条鑑定の採用

弁護人は、五十嵐医師に、Ｎ医師の鑑定の問題点等に関する意見書の作成を依頼した。

3　「亜昏迷」とは、「昏迷」の軽度な状態とされる。精神医学における「昏迷」の定義の一例は、以下のとおりである。「昏迷は、意識障害はないにもかかわらず、自らの意思に基づく動作や運動や、視覚·聴覚·触覚などの外界からの刺激に対する反応性が欠如しているかあるいは顕著に減弱し、発語を含む自発的で意図的な運動はまったくみられないかほとんど認めない状態をいう。長時間ほとんど動かないまま一定の姿勢を保ち、カタプレシー（強硬症）を認めることもある。患者は昏迷離脱後にその間の記憶を保持している。昏迷は統合失調症、うつ病でも認められ、先行する状態像や経過などによって鑑別がなされる」（山内俊雄総編集『精神科専門医のためのプラクティカル精神医学』〔中山書店、2009年〕92頁）。

そして、公判前整理手続において、五十嵐医師の意見書を添付して、依頼者の精神鑑定（50条鑑定）を請求した。検察官は反対の意見を述べたが、裁判所はこれを採用し、改めて依頼者の精神鑑定が実施されることになった。

　鑑定人については、弁護人から特段の希望は述べなかったが、裁判所の判断で、五十嵐医師が指定された。弁護人においては望ましいところであったが、検察官も異議を述べなかった。弁護人が協力を依頼していた精神科医を裁判所が鑑定人に指定することについては、反対当事者である検察官の立場からは異論もありえようが、本件では、五十嵐医師の知識・経験や中立性への信頼から、検察官も異議を述べなかったものと推察される。

　その後、約3カ月の鑑定期間を経て、五十嵐医師の鑑定書が作成された。鑑定内容は説得的なものであり、その結論は、事件当時の依頼者には、「著しい思路障害があり、一定の意思を形成し、その意思に基づいて一貫した行動をとることが難しい状態にあったものと考えられる。また、亜昏迷状態にある一方で、被刺激性は亢進しており、行動制御が困難な状態にあったと考えられる」というものであった。

　弁護人からみて、五十嵐医師の鑑定内容は、依頼者が心神喪失であったという主張の十分な裏づけになると解された。そこで、弁護人は、五十嵐医師の鑑定内容に依拠して、以下の点について予定主張を作成し、これが本件におけるケースセオリーの骨子となった。

(1)　疾病と症状

　依頼者は、統合失調症に罹患しており、事件当時、怠薬によって病状が悪化して急性増悪期にあった。主な症状は、①著しい思路障害、②被刺激性の亢進である。

(2)　事件の機序

　依頼者には、上記①②の症状があり、わずかな刺激により正常な思考ができなくなって物事の是非がわからなくなったり、自身の行動を制御できなくなって暴力に及んでしまう状態であった。事件の際には、何らかの刺激があったことにより、依頼者が是非の弁識や行動の制御を失い、

母親を刃物で100カ所以上刺すという犯行に及んだ。

公判審理──2人の精神科医の尋問

1　ポイント

　本件の公判審理におけるポイントは、2名の精神科医の尋問が行われた点である。N医師は検察官請求の証人として、五十嵐医師は裁判所の採用した鑑定人として、それぞれ尋問を行うことになった。

　なお、本件では、公判前整理手続の段階で裁判所を交えたカンファレンスは実施されなかった。五十嵐医師もN医師も、精神科医としての鑑定経験だけでなく、裁判員裁判での証言の経験も豊富であったことから、必要性がないというのが裁判所の判断であり、当事者においても異論はなかった。

2　尋問準備

　尋問の準備として、弁護人は、N医師と五十嵐医師の双方に複数回面談し、鑑定の内容等について詳細に話を聞いた。五十嵐医師はもちろん、N医師も、検察側の証人ではあったが、弁護人との複数回の面談に応じ、質問にも丁寧に回答してくれるなど、公平な態度であった。

　鑑定書の内容の詳細な検討や、面談により詳しい聴取を行った結果、N医師と五十嵐医師の見解には、以下のとおり、特に依頼者の病状の程度の評価に違いがあることが改めて確認された。

⑴　N医師の見解

　事件当時の依頼者の統合失調症は、相当悪化しているが、病勢期にとどまり、急性増悪期には至らない。また、事件前後に亜昏迷は見られるものの、緊張病状態[4]だったとはいえない。

4　「緊張病症状」とは、統合失調症の一つの症状として見られるもので、緊張病性興奮や緊張病性昏迷を伴うものであり、統合失調症が重篤であることを示す症状である。精神医学上の「緊張病症状」の定義の一例は、以下のとおりである。「緊張病症状は幻聴や妄想のような言語を基盤とした症状が中心症状ではなく、非言語的な精神運動に関連する症状が中心であることが特徴である。また、他動と寡動、興奮と昏迷、談話圧迫（多弁）と緘黙、拒絶と命令自動というよ

五十嵐医師と見解が相違する具体的根拠は、弁護人の整理によれば、①依頼者が電車の利用や買い物など、事件前後も最低限の社会生活ができていたこと、②被害者の傷が浅く、依頼者が殺すことを避けて攻撃をある程度コントロールしていたと考えられること、③事件後、依頼者が現場から逃走しており、自分が悪いことをしたと理解していたと考えられることである。

⑵　五十嵐医師の見解

　事件当時の依頼者の統合失調症は、悪化が著しく、急性増悪期にあった。また、事件前後に亜昏迷が認められることから、事件当時に緊張病状態だった可能性が十分にある。

　N医師と見解が相違する具体的根拠は、弁護人の整理によれば、①依頼者には事件の1～2カ月前から怠薬があり、母親が入院させたいと話すなど、統合失調症の症状の悪化が見られたこと、②事件前後に依頼者に亜昏迷が見られる以上、事件当時の統合失調症の悪化は顕著であり、緊張病状態にあったと考えるべきであること、③緊張病の症状には波があり、買い物等ができるなど一部ではまともな反応があったとしても、犯行時の行動にまとまりがあったとは限らないことである。

3　弁護人が定めた狙い

　N医師、五十嵐医師のそれぞれと面談を行った結果、両者の見解について弁護人として上記のとおり整理した。

　その結果、五十嵐医師の見解については、説得的な内容で根拠も十分であるように思われた。そのため、五十嵐医師に対する弁護人からの主尋問における獲得目標は、五十嵐医師の見解を適切に事実認定者に伝えるという点に尽きると考えた。

　一方、N医師の見解については、上記2⑴②③の点において、前提と

うに複数の症状の構造が双極構造になっていることが特徴であり、交替して出現する」(市橋秀雄「緊張型分裂病」中根允文ほか編『臨床精神医学講座(3)――精神分裂病(Ⅱ)』〔中山書店、1997年〕41頁)。なお、DSM-5では、「緊張病」は、「統合失調症スペクトラム障害及び他の精神病性障害群」の一つに分類されている。

なる事実の認定や評価に妥当性を欠く点があるように思われた。

　まず、②の点については、被害者である母親は顔を中心に100カ所以上の傷があり、傷が浅いことをもって行動をコントロールしていたという評価を導くのは無理があった。また、解剖を担当した法医学者によると、母親は、初めに腕や体を刺され、意識を失った後に顔面を刺された可能性が高かった。攻撃をコントロールしていたのであれば意識を失った母親を刺し続けるのは不自然であり、N医師の見解はその点とも整合しなかった（なお、この点は書証からは明らかになっておらず、弁護人が法医学者と面談して得た情報であった）。

　また、③の点について、依頼者は、事件の後2日間にわたり、血の付いた洋服のまま家から数駅の範囲内で移動しており、その行為を「逃走」と評価することには疑問が残った。

　そこで、N医師の証言内容に対する弁護側の戦略を以下のとおりに定め、公判審理に臨んだ。

　①の点に関するN医師の見解については、純粋に医学的な見解の相当性の問題であるため、五十嵐医師の証言により反証する。

　②の点については、N医師が事実の認定・評価をするにあたり、不十分な情報を基にしていることを反対尋問で確認し、弁論でその点から弾劾を試みる。

　③の点については、前提事実に争いはないため、N医師による事実の評価が妥当でないことを弁論で主張する。

4　公判審理の内容

　公判では、N医師、五十嵐医師のいずれの尋問についても、医師によるプレゼンテーションを行ってから、当事者による主尋問・反対尋問を行うという流れであった。

　N医師のプレゼンテーション及び検察官からの主尋問では、7つの着眼点に基づく検討にかなりの重点が置かれていた一方、病状を基にした犯行の機序に関する説明は乏しかった。N医師に対する弁護人からの反対尋問では、当初の狙いどおり、母親の傷の状況から推測される事実に

ついて、法医学者が法廷で述べた見解（初めに腕や体を刺され、意識を失った後に顔面を刺されたと考えられること）を前提としていないことを確認するなどした。

　五十嵐医師のプレゼンテーションでは、依頼者の事件当時の病状と、それが犯行につながった機序に関する説明に重点を置かれていた。弁護人からの主尋問でも、病状のイメージや具体的な事件との関係性について、事実認定者の理解の助けとなるような質問を行った。また、Ｎ医師が尋問で述べた精神医学的な見解に対して、適切な反論を促すような質問をした。

　検察官の論告は、Ｎ医師の証言内容を基に、7つの着眼点から被告人の責任能力が心神耗弱にとどまることを論じるものであった。ただし、五十嵐医師の見解については言及がなく、検察官の主張の弱点はまったくフォローされていなかった。

　弁護人の弁論では、五十嵐医師の証言内容を基に、事件当時の依頼者の病状の説明と、それが犯行につながった機序の説明をとくに重点的に行い、心神喪失に当たることを論じた。病状については、緊張病症状に波があることをビジュアル化して説明し、病状と事件の関係性についても、そのつながりがイメージできるようビジュアルエイドを用いて説明した。また、五十嵐医師の見解が信用できることを論じる一方で、Ｎ医師の見解については、前提事実の認定・評価に誤りがあること等から弾劾した。そして、7つの着眼点に基づく検察官の主張に対しても、必要な限度で反論した。

判決

　判決[5]では、依頼者は事件当時心神喪失の状態であったと判断され、無罪となった。

5　千葉地判平28・12・20LLI/DB判例秘書登載。なお、検察官からの控訴はなく、判決は確定している。

依頼者の責任能力に関する法的評価としては、五十嵐医師の鑑定内容を前提に、「被告人は、本件犯行当時、統合失調症の症状の一種である興奮や著しい思考過程の障害によって、一定の意思を形成し、その意思に基づいて一貫した行動をとることが難しい状態になり、自身の行動を制御することができない状態で本件犯行に及んだ疑いが残るといわざるをえない」と結論づけられた。

　なお、N医師の見解のうち、病状の程度に関する部分については、「認定できない事実を前提とした上で述べられているから、その信用性に疑問が残る」と判断された。

　また、検察官の主張については、「いずれも説得的な指摘もないままに前記五十嵐医師の鑑定結果を前提としない主張であり、これらを採用することはできない」として、退けられている。

振り返って

　本件において、無罪となった最大の要因は、五十嵐医師が50条鑑定の鑑定人に指定され、適切な鑑定結果が得られたことに尽きる。依頼者の病状や事件の状況から、実体的には心神喪失の判断をすべき事件だったとしても、N医師に対する反対尋問による弾劾のみでは、その信用性を覆して心神喪失の結論を得るのは、相当に困難であったと考えられる。

　刑事訴訟において、信頼に足る専門家の助力を得ることの重要性を改めて痛感した事件であった。

弁護士のコメント

金岡繁裕 かなおか・しげひろ　愛知県弁護士会

2つの「本鑑定」の方向性の違い

1　中井弁護士の事例報告および五十嵐医師のコメントのみを参照しており、各「本鑑定」を拝読したわけではないが、2つの「本鑑定」の方向性の違いの根本は、精神症状が事件にどのような影響を与えたかを論じるうえで、その機序を物語として描出することに拘りすぎたかどうか、にあるように感じられた。

　N鑑定は、母親を殺害することの現実的な動機が仮定され、その仮定に基づき、上記影響が分析されているように思われた、とされている（中井報告）。これに対し、五十嵐鑑定では、「犯行について何も語らないのも、意図的なものではなく、健忘のために語ることができないためである可能性がある」とされている（五十嵐コメント）。

2　周知の通り、機序を物語として描出することに対しては、不可知論的立場と可知論的立場とで、（最終的には相対化されるとしても）真逆の視点を打ち出す。精神病理に基づく心理など所詮はわかるはずもないというわきまえを持つかどうかは、時に決定的な相違をもたらすと思われる。

　この点で、一世を風靡した「7つの着眼点」や「8ステップ」は、いずれも、悪しき可知論的立場に拘泥しているように思われるというのが、筆者の観測である。「7つの着眼点」では、「どのような動機による犯行であるのかを描出し……説明する」ことが着眼点の一つとして推奨されている。「8ステップ」でも、「精神機能や精神症状の認定」（ステップ2）結果を踏まえ、それが「事件にどのように影響したかを具体的な物語として描出する」（ステップ4）ことが構想されている。機序を「具体的な物語として描出」するよう求められた鑑定人なり裁判所なりが、どこかの段階で無理なものは無理だと割り切り、その無理であることの精神医学的説明

づけの妥当性に舵を切れれば良いのだが（少なくとも 8 ステップは、ステップ 3 ではなくステップ 2 からステップ 4 に繋げることが注記されており、しかるべき割切りを求めているとうかがわれるが、残念ながら、皆が皆、そのような意図を酌んでいるとは思われない）、そのようなわきまえを持たない場合、通常心理学の立場から強引に理解してしまおうとする陥穽に陥る（刑訴法的に表現するなら、証明されざる「合理的仮説」に逃げ込む）事態に至る。

　どこかの段階で、機序を具体的な物語として描出することを諦め、諦めなければならない理由を精神医学的に説明する（このことについては、重症度評価と、不可知論におけるコンベンションの考え方が有用である）ことに切り替えることが、誤りを犯さないために肝要である。

3　被告人が「健忘のために語ることができない」可能性のある事件の機序に対し、現実的な動機を仮定して臨んだＮ鑑定は、まさに、具体的な物語の描出に拘りすぎたのではないか、と思われる。そして、中井報告にあるように、その物語が、防犯カメラ画像や法医学鑑定による刺突行為の具体的状況（被害者が意識を失った後に、さらにその顔面を刺突した）と矛盾し、信用性を失った。

　これに対し、五十嵐鑑定は、亜昏迷状態に着目した重症度評価を行い、その重症度評価から、具体的な物語を離れて、事件の機序の説明を試みた。

　双方には決定的な違いがあるということができ、弁護人が複数の鑑定書を読み解くとき、特に批判的に検討する場合に、具体的な物語の描出に拘りすぎて無理が生じていないかに手掛かりを求めるべきことを示唆していると思われる。

重症度評価のための弁護活動

1　中井報告によれば、弁護人は、亜昏迷状態に着目した重症度評価には考えが及んでいなかったことを率直に認め、五十嵐医師に意見を求めたことで初めて気づかされたこと、それゆえ、信頼に足る専門家の助力を得ることが重要であると、結ばれている。

実際のところ、精神医学に素人の弁護人が、亜昏迷状態に着目した重症度評価に考えが及ばないことはやむをえないのであり、いかなる事案であっても、依頼者により不利な結論を避けられる可能性があるのであれば、別医に参考意見を求めておくことは当然の弁護活動であると考える（問題は、予算であり、人的資源である。国選事件において、別医に参考意見を求めるための事件経費はか細く、また、お金の問題を離れても、そもそも参考意見を述べてくれる精神科医を探し出すことすら容易ではないし、それが信頼を置けるかどうかに至ってはなおさらである。個々の弁護士の自助には限界があり、筆者の所属する愛知県弁護士会を初めとするいくつかの単位会が先駆けて実施しているような、弁護士会の組織的取組みの拡大が求められるところである）。

2　このような中井報告を踏まえると、どこまで狙ってのことかはわからないが、しかし、証拠開示を含む証拠収集に相当に意を用いられたのではないか、ということは積極的に評価すべきことと思われる。

　中井報告によれば、㋐犯行前後の防犯カメラ、㋑法医学鑑定からは明らかでなかった、意識消失後に顔面を刺突した行為を、法医学者との面談から引き出したこと、㋒事件後2日にわたり、被告人が衣服に血液が付着した状態のまま、移動していたこと、等の諸事実が、弁護人により掘り起こされている。

　このうち㋐㋒は、ひょっとすると、検察官請求証拠中に含まれていた可能性もあるが、犯人性には争いのなかったであろう本件において、検察官が㋐㋒のような証拠までことさらに請求してくると決まったものでもない。重症度評価が決定的な意味合いを持つ事案においては、直前直後の被告人の状態、行動をできる限り丁寧に観察する必要があることから、仮に犯人性に争いがなくとも、被告人の目撃情報（類型6号）や、その電子的記録（類型1号）については、広範囲に開示を受けておく必要がある。検察官の自主的な任意開示なるもので満足するのは論外であるし、弁護人が見たいものだけを開示請求するのでもまだ不十分である。類型的に関わりが否定できない証拠は、すべて広範囲に開示を受けるのが、

最低限度の弁護水準であることを、強調しておきたい（なお、協力医に助言を求めることで、考えてこなかった角度の証拠について下問されることもある。協力医の協力を得ることの大きな利点の一つである）。

　また、(イ)も、100カ所くらい刺突した異常な事件像として片づけるだけなら、下手をすると法医学者との面談などせず、鑑定書を適当に証拠化しておしまいにする、ということになりかねない（この点は自分でも、尋問が決まらない段階で、わざわざ法医学者との面談まで考えるか、微妙だと思われる）。法医学者と面談し、特定の刺突行為が意識消失後に行われた事実を見出したことは、素晴らしい成果である。

3　乱暴な言い方をすれば、責任能力をめぐる弁護活動において、弁護人に課せられた使命は、手当たり次第に証拠開示を受けて広範囲に事実を取り出せるようにしたうえで、精神科医に知見を求め、精神科医との協働によりさらに事実の掘り起こしに努める、ということを何度も繰り返していくことである。

　中井弁護士らの弁護活動は、それを地で行くものであり、だからこそ成果に結実したものと思われる。

精神科医のコメント

五十嵐禎人　いがらし・よしと　千葉大学教授

　弁護人から相談を受けて、N医師の鑑定書を読んで最初に感じたことは、被告人は、いったい何罪で起訴されたのだろうかという疑問であった。被害者の遺体には、致命傷とはならない浅い傷が100カ所以上あり、出血性ショックによって死亡していた。被告人も、腕などに多数の傷を負っていた。これらの事実は、本件犯行が、殺人罪の対象とされるような「人を殺そうという意思（殺意）」に基づいて行われた行為ではないことを指し示しているように感じられたからであった。

弁護人は、被告人が何も語らないにもかかわらず、Ｎ医師が犯行の動機を仮定し、その仮定をもとに、精神障害が犯行に及ぼした影響について検討している点に、疑問を感じたとのことであった。しかし、そのこと以上に疑問を感じたのは、Ｎ医師の検討がもっぱら妄想に終始し、亜昏迷についてはほとんど検討がなされていなかった点であった。統合失調症にみられる昏迷は、行動の途絶が極端化した状態[6]であり、昏迷の程度がいくぶん軽症のものが亜昏迷とよばれる。確かに、亜昏迷では、本件犯行は行えない。しかし、亜昏迷は、緊張病性の症状であり、緊張病では、多動と寡動、興奮と昏迷のように、正反対の症状が交代して出現する。犯行前後に明らかな亜昏迷が存在していたということは、犯行時の精神状態を評価するうえで無視することのできない事実である。また、犯行前後に緊張病状態にあったとすれば、犯行について何も語らないのも、意図的なものではなく、健忘のために語ることができないためである可能性がある。この点は、情状の面でも無視できない事実である。

　50条鑑定を引き受けることになり、被告人を直接診察し、過去の入院に関する診療録を含む記録を仔細に検討することができることになった。犯行前後に、亜昏迷以外にも、病的体験に基づく徘徊や奇異な行動、常同症がみられ、普段は支障なく行えていたおつりの計算やSuicaの使用が困難になるなど、著しい思路障害が存在していたことが確認できた。犯行時の行動や感情について、被告人に繰り返し尋ねたが、被告人がその詳細を語ることはなかった。診察時の態度を考慮すると、これは、緊張病状態による健忘のためと考えられた。また、過去の入院時にも、怠薬から病状悪化し、緊張病状態となり、入院後も攻撃的な行動等のために身体拘束が行われていた事実が確認できた。これらの所見を総合して、本件犯行時の被告人については、「著しい思路障害があり、一定の意思を形成し、その意思に基づいて一貫した行動をとることが難しい状態にあったものと考えられる。また、亜昏迷状態にある一方で、被刺激性は亢進しており、衝動制御が困難な状態にあったと考えられる」という鑑定意見

6　西川隆「昏迷」加藤敏ほか編『現代精神医学事典』（弘文堂、2011年）353頁。

を提出した。

鑑定人尋問では、まず、一般的な説明として、幻覚・妄想だけが統合失調症の症状ではないこと、まとまりのない発語や行動、緊張病症状も患者の行動を左右する重要な症状であること、緊張病症状は、興奮と昏迷というように正反対の症状が交代して出現すること、昏迷では健忘が出現することなどを説明した。そのうえで、犯行前後の被告人の行動を客観的情報に基づいて提示し、それぞれの行動への統合失調症の影響を述べた。また、Ｎ医師のプレゼンで７つの着眼点に基づく説明があることが予測されたので、鑑定書には記載しなかった７つの着眼点に基づく分析も提示した。

判決では、筆者の鑑定意見を前提として、被告人は、心神喪失者と認定され、無罪となった。その後、被告人は医療観察法鑑定を経て、指定入院医療機関に入院となった。

本件を振り返ってあらためて思うのは、統合失調症の人の精神鑑定では、幻覚・妄想以外の症状についても十分な注意を払う必要があること、病状の推移や症状悪化のパターンを把握したうえで、個々の症状の評価を行う必要があることである。

最後に、Ｎ医師の鑑定に疑問を感じた中井弁護士、佐藤弁護士の弁護活動に敬意を表したい。彼らの疑問がなければ、本事例は、心神耗弱者と認定されても、刑務所に収監されていた可能性が否定できないからである。

殺人、殺人未遂、道路交通法違反等被告事件
（診断：統合失調症）
静岡地浜松支判平29・11・24　LEX/DB25549241
東京高判令1・8・29　LEX/DB25563821

精神運動興奮（緊張病性興奮）による行為が無罪になった事例

報告論文

山本　衛　やまもと・まもる　東京弁護士会

事案の概要

　本稿は、高等裁判所で、裁判員裁判の有罪判決が破棄され、責任能力がないとの理由により無罪となった一事例を紹介するものである。公刊されている判決文において明らかな限度で事例を紹介し、論評を加える。

　事案は、自動車を運転していた被告人が、スクランブル交差点の前で赤信号に従って停止していたところ、突如急発進し、横断歩道上を歩行者が往来する交差点内に侵入して複数の死傷者を出したという事案である。同事案につき、被告人は、殺人、殺人未遂、道路交通法違反（救護義務違反）、予備的訴因として危険運転致死傷（赤信号無視）、第二次予備的訴因として過失運転致死傷（赤信号看過）という訴因で起訴された。

　被告人は、従前より統合失調症の既往歴があった。事件の直前に統合失調症は悪化しており、「人に追いかけられて怖い」「悪い人が来て自分の顔を変える」などという被害妄想に基づく異常行動が多発していた。事件の数日前には、被告人の統合失調症の状態が悪化していたことから、被

告人の夫は主治医と相談し、被告人を入院させる手筈を整えていた。被告人の夫は、被告人が「悪い人」から自衛のために枕元に準備していたナイフを取り上げるなどして、被告人がパニックを起こしたりすることもあった。

事件前日、被告人は、寝ている間に家に悪い人が入ってきて自分の顔を変えられるという思いから、催眠作用のある統合失調症の内服薬を服用することができず、家にも入れずに自動車の中で夜を明かすなどして睡眠不足なども重なり、本件直前、統合失調症の状態はかなり悪化していた。

事件当日も、主治医の診療所に行く予定であった。運転自体はおおむね正常にできる状態に見えたので、被告人が自動車を運転し、夫は助手席に乗って主治医の診療所に向かった。約6キロメートルの距離であったが、おおむね被告人は正常に運転できていた。もっとも、この間、被告人が警察に電話しようとしたり、遠くに住む家族が「悪い人」に危害を加えられているのではないかと心配して新幹線のチケットを買いに行こうとする言動が見られたため、被告人の夫が携帯電話を取り上げたり、道順を改めさせるなどしたという出来事があった。

被告人は、スクランブル交差点の手前で、対面の赤色信号機に従って停止した。まもなく歩行者用の信号が青に変わり、スクランブル交差点の中は人々が往来した。直後、被告人の車両が急発進し、横断中の人にぶつかって猛スピードで左折していった。しばらく先で被告人車両は歩道上に乗り上げて停車し、被告人は路上に寝そべり、手足をばたつかせて意味不明な言動を繰り返すなど錯乱状態にあった。

争点と責任能力に関する主張

1　争点
本件の争点は、実行行為性、殺意、救護義務違反の成否（人を轢いた認識の有無）、責任能力である。本稿で言及するテーマは、責任能力に絞る。

2 責任能力に関する主張

　検察官は、被告人を完全責任能力と主張した。検察官も、被告人が統合失調症であることは争っていない。また、統合失調症が事件当時悪化しており、病状が犯行に一定程度影響したこと自体もほぼ争ってはいない。しかし、本件犯行に至るまでしばらく正常に運転できていたこと、本件犯行の直前に被告人が「悪い人」に追われているという発言はなく、妄想や幻覚など了解不可能な理由によって行われた犯行ではないこと、夫が携帯電話を取り上げたり道順を改めさせたりするという直前のやりとりにより苛立ちが高まるという正常心理で説明できる要因があることなどを挙げ、この正常心理から説明できる要因に、統合失調症の影響が加わった結果、やり場のない苛立ちの発散として衝動的にアクセルペダルを踏みこんだ、と主張した（この主張は、検察側証人として法廷で証言した、捜査段階に被告人の精神鑑定を行った医師〔以下、「A医師」という〕の証言をもとにした主張であり、同医師の見解もこれとほぼ同様である）。そして、この主張をもとに、被告人には統合失調症の影響があったものの、事理弁識能力や行動制御能力が著しく減退してはいなかったとして、完全責任能力を主張した。

　これに対し、弁護側は心神喪失による無罪を主張した。弁護人の主張を支える弁護側証人として出廷した医師（以下、「B医師」という）は、被告人は統合失調症の病状が悪く、理由のない恐怖が高まっており、発信直前の時点で精神医学的には「内的不穏」（表面的には興奮が認められないが、精神内界には不機嫌、恐怖、焦燥感などがある状態で短時間で激しい興奮に移行することが多い状態）という状態にあったと分析した。本件犯行は、それまで続いていた内的不穏の状態から統合失調症の症状である緊張病性興奮（急激な精神運動興奮で意思による統制を欠く、一貫性のない了解不能な興奮）に移行したことで急激にアクセルペダルを踏んだと考えられるため、自動車の発進を正常心理によって説明することはできないと証言した。弁護側はこの証言をもとに、本件犯行は統合失調症の症状による了解不能な行為だとして、事理弁識能力や行動制御能力は失われており、心神喪失だと主張した。

原判決

原判決は、以下のように説示して、被告人を完全責任能力とした。

A医師の証言は、鑑定人の能力や公正さ、鑑定手法などに問題はなく、推論も合理的であり採用できる。B医師は、鑑定人の能力や公正さに問題はないが、被告人と面談していないという前提条件に疑問が残るうえ、直前までほぼ正常に運転していたことと被告人が興奮していたことが整合せず、採用しない。

したがってA医師の見解を前提に責任能力を検討するに、確かに統合失調症の症状は悪く、不安や苛立ちの根底には妄想の影響があった。そして、本件犯行に対しても、衝動性が高まりやすいという統合失調症の影響が一定程度あった。

他方で、被告人が夫に対するストレスや不信感を強めていたことはナイフを隠されたり携帯電話を取り上げられたりしたことなどから正常心理で十分説明でき、その苛立ちは相当程度強かった。苛立ちの程度が強ければ、その発散のためにアクセルペダルを一気に踏み込むという行動に出てしまうことも正常心理から説明できる。本件交差点に至るまで正常に運転しており、事件後も道に沿って運転で来ているから、統合失調症の影響は限定的である。

以上によれば、正常心理から説明することができる苛立ち等の要因が統合失調症の症状としての恐怖感などよりも影響が大きかったといえる。

したがって、被告人には事理弁識能力や行動制御能力は一定程度保たれており、著しく減退している程度には至っていなかった。

原判決に対する疑問

上記原判決の論理に対しては、一見して、さまざまな疑問が考えられる。

1　統合失調症という疾患の捉え方についての疑問

　いうまでもなく、統合失調症は、幻覚や妄想のみをその病状とする疾患ではない。統合失調症は、精神活動の統一性が失われる病気であり、幻覚妄想といった陽性症状から行動能力の低下といった陰性症状からなる症候群である。統合失調症の患者は、外界を、理由や意味がわからないが非常に不気味なものとして体験する。一般人の正常心理では理解できないような、物事を言葉でつながりをもって説明していくのが非常に難しい（あるいは不可能な）精神状態におかれるのが統合失調症の大きな特徴である。統合失調症において幻覚や妄想はしばしば注目されるが、それは、健常者が言葉で理解しやすいから注目されるのであって、統合失調症の中の、いわば「たまたま言葉にできる程度にまとまった副産物」にすぎない。

　本件行動はそれ自体正常な行動とは思えず、統合失調症が悪化していたことも異論がないのであるから、A医師のいう「妄想や幻覚など了解不可能な理由によって行われた犯行ではない」というのが、統合失調症の影響を考えるにあたって十分な考察をしたといえるのか大いに疑問がある。

2　それは正常心理か？

　A医師は、夫が携帯電話を取り上げたり道順を改めさせたりするという直前のやりとりにより苛立ちが高まるという正常心理で説明できる要因に統合失調症の影響が加わった結果、やり場のない苛立ちの発散として衝動的にアクセルペダルを踏みこんだ、とし、原判決も、「苛立ちの程度が強ければ、その発散のためにアクセルペダルを一気に踏み込むという行動に出てしまうことも正常心理から説明できる」などとした。

　しかし、ここにいう「苛立ち」自体、被告人が「悪い人」に危害を加えられる、家族が危害を加えられるという妄想に基づいた不安がその根底にあるものであり、この苛立ちからくる行為を正常心理と説明するのは疑問である。

　また、被告人の行為は、「アクセルペダルを一気に踏み込んで人の往来するスクランブル交差点に急に突っ込んだ」ものであり、単に「アクセル

　［ケース５］殺人、殺人未遂、道路交通法違反等被告事件

ペダルを踏みこむ」だけのものではない。たとえば高速道路などで交通量も少なければ、苛立ちを強めてアクセルを踏み込むことも正常心理で考えられるかもしれないが、この場面でアクセルペダルを踏みこむことは無差別殺人に近い行為をするのと同義であり、苛立ちから本件行為に及ぶのが正常心理の作用だというのは、どう考えても飛躍している。

3　Ｂ医師の意見を排斥した論理の不合理さ

　Ｂ医師はたしかに被告人を問診していなかった。しかし、Ｂ医師は、その意見の基礎としてＡ医師の問診結果を利用し、Ａ医師の聞き取った事実関係や統合失調症の診断をもとに、病気の犯行への影響の分析についてのみ医学的見解を述べていた。述べられた医学的見解は、被告人を問診したか否かに関わらず成立するものであり、原判決が問診の不実施を理由にＢ医師の意見を否定するのは論理的に誤っている。

　また、原判決は、事件直前の運転が、運転時から興奮していたとするＢ医師の証言にそぐわないという認定をしているが、上記引用部分から明らかなとおり、Ｂ医師のいう「興奮」は、被告人が本件直前まで運転していた時点のものとしては外界に現れない「内的不穏」であるから、原判決の判示はＢ医師の見解を正解しないものであることは明らかであった。

4　小括

　このように、一見しただけでも不合理な点が数多くあり、原判決の認定が合理的でなく、破棄されるべき判決であることは、明らかであるように思われた。

控訴審

1　控訴審の展開

　控訴審では、弁護側の申請により新たな精神科医（以下、「Ｃ医師」という）の証人尋問が実施された。

　Ｃ医師は、全面的にＢ医師を支持し、Ａ医師の鑑定を徹底的に批判した。

まずC医師は、統合失調症が悪化していたことは誰の目から見ても明らかなのであるから、その状態において生じた異常現象は、基本的に統合失調症の症状と推定するのが合理的であると述べた。

そして、統合失調症による幻覚や妄想はいわばわかりやすい症状として目に見えるだけであって、症状はこれに限られず、A医師の検討している範囲があまりにも狭いことを指摘した。そして、本件が統合失調症の悪化した状態で起こったことからすれば、本件は統合失調症の症状としての緊張病性興奮[1]によって引き起こされたと考えるのが最も合理的で、事態を最も的確に説明するものであると述べた。

さらにC医師は、統合失調症の患者は自己がさいなまれている妄想などを言語化できるとは限らず、（本件行為の直接の要因として「悪い人」妄想を被告人自身が語っていないとしても）被告人の行為には従前からの妄想も影響していた可能性があると述べた。

こうした考察を欠いたA医師の鑑定は精神医学的にまったくもって不合理な論考であると批判し、B医師の意見が全面的に正しいと証言した。

なおこれに対し、検察官はA医師の証人尋問の事実取調べ請求をし、容れられたが、第一審での証言を超えた本質的な再反論はなされなかった。

2 控訴審判決

控訴審判決は、上記「原判決に対する疑問」で記載した疑問（これは、弁護人が控訴趣意書で詳しく主張していたところであった）をほぼそのまま容れ、A鑑定を不合理であると断じた。ほぼ上記「原判決に対する疑問」の反復となるので簡易な紹介にとどめる。

まず、控訴審判決は、日常生活においては、物を壊す、自傷するような苛立ちの発散はありうるものの、本件発進は生命や身体に重大な結果をもたらすものであり、被告人はそのような意図があると認定はできな

1　なお、この用語法については、控訴審においてA医師より、本件のような興奮は緊張病性興奮の定義に当たらないとの再反論があった。しかし、同医師も「緊張病性興奮」という用語が、厳密な定義より広い精神運動興奮にも用いられる用語法があるとも述べており、この厳密な定義上の「緊張病性興奮」に該当するかどうかは、それ以上争点とはならなかった。

いから、むしろ規範的意識が働かなかった結果の行動ではないかという疑問があり、正常心理としての苛立ちの発散と説明することは不合理であると説示する。

さらに、事件に至るまで統合失調症は悪化し続けていたのだから、本件時に改善していたとみるのは不合理であるし、事件直後にも錯乱状態だったのであって、事件直後には統合失調症による緊張病性興奮の状態にあったとみられる。そうすると、事件前には統合失調症が悪化しながら、事件直前だけ改善・緩和されていたというのは不合理であると説示した。

そして、統合失調症にいう幻覚や妄想は健常者にも理解しやすい部分にすぎず、これがないからといって統合失調症の病状が軽いということにはならない、さらに直前の運転行為自体が妄想に基づく行為ともいえるとして、被告人の行為を了解不能なものではないとするA鑑定を不合理であるとした。

他方、B医師の意見は合理的であり、第一審判決がB医師の意見を排斥した理由について、B医師の意見はA医師の問診結果を含めA鑑定をもとに意見したものであって面談をしていないことを理由に排斥することは論理則上不合理である、直前の運転行為が「興奮」と整合しないという点についてはB医師の見解を正解しないものといわざるをえない、などとして、B医師の意見を排斥した原判決の判示は論理則・経験則等に照らして不合理であるとした。

控訴審判決は、以上のような論理をC医師の証言内容なども引用しながら展開し、第一審判決の判断は、論理則・経験則等に照らして不合理であるとして、責任能力を認めた結論を含め是認できないとした。

そして、被告人は本件行為当時に緊張病性興奮の状態にあったと推認されるところ、緊張病性興奮は医学的には意思による統制を欠き、状況との関連や行為の一貫性がなく、了解不能な興奮状態であるから、事理弁識能力や行動制御能力が失われていた合理的な疑いが残る、として、無罪の自判をした。

雑感

　本件は、何の落ち度も経緯もない第三者を死傷させるという極めて重大な結果を招いた事件ではある。裁判員の参加する第一審裁判所は、凄惨な事件の内容を目の当たりにし、遺族の悲痛な叫びを聞き、こみ上げるところがあったであろう。

　筆者は、重大事件だから論理よりも感情が先立ったのだろうとか、裁判員裁判だから責任能力判断が厳しくなったのだろうとか、あまり合理的な根拠のない論評をしたいとは思わない。

　しかし、第一審判決は、一見して発見されるほど論理的に破綻しており、記録を読めば読むほど、その考察は浅く、分析は稚拙で、およそ合理的な判決の体をなしていなかった。控訴審においてその不合理さは全面的に是正されたが、本来であれば、第一審裁判所が無罪を言い渡すべき事案であった。

　C医師の鑑定書に次のような一節がある。

　　B意見は正しく、A鑑定は誤りである。そしてB意見とA鑑定の質の差は著しいものがあり……かかる差があるにもかかわらず、一審裁判所がB意見を排斥しA鑑定を採用した背景には、正常心理に依拠した説明は専門家以外の人々にも自然に納得できるわかりやすいものであるのに対し、精神障害の症状に依拠した説明は専門的にならざるを得ず相対的にわかりにくいという事情がある。それでも精密に検討すれば、A鑑定の誤りは十分に読み取れるはずである（正常心理によって説明できる部分は断片的であり、犯行全体は到底説明できないことが最大の問題であろう）。

　裁判員裁判においては、従来より審理の「わかりやすさ」が重視されてきた。裁判員向けのアンケート項目には「当事者の活動がわかりやすかったかどうか」がアンケート項目の一つとされ、その統計が弁護士会などにも共有され、弁護士会も裁判員裁判に対応するための研修などで「わか

りやすい訴訟活動」をするよう教えてきたものと思われる。

　しかし、当然ではあるが、わかりやすいことが正しいことであるという保証はどこにもない。むしろ、緻密に検討を重ねることで真に重要なことが見えてくることや、考えが深まることによって当初の印象が覆る、といったことは我々が日常生活でも多々経験することである。したがって、わかりやすいことと正しいことに相関関係があるかすら疑問である。

　わかりやすい審理の名のもとに正しさが犠牲になってはならない。

　やや本書の趣旨を超えるだろうし、筆者の雑感にしかならないが、これまで裁判員裁判においては、いささか「わかりやすさ」が強調されすぎてきたように思われる。本件の第一審判決は、これによって正しさが犠牲にされた好例の一つではないか。いくら争点が複雑になろうとも、いくら審理期間が長くなろうと、いくら評議期間が長くなろうと、いくらわかりにくい審理になろうとも、正しい裁判をするのがもっとも重要な裁判所の役割であり、それは裁判員が参加する裁判でも変わらないはずである。筆者は、本件のような事例に触れるたびに、これまで重視されてきた裁判員のためのわかりやすい審理というドグマを再考するときが来ているのではないかと考えている（なお念のため、本雑感は、職業裁判官による従前の「精密司法」を肯定する趣旨を一切含まない）。

菅野 亮 　すげの・あきら　千葉県弁護士会

「8ステップ」の位置づけ

　岡田幸之教授は、「ステップ②の内容」について次のように述べる[▼2]。「あらためて④の『機序』を構成する②から❷への複数の矢印について考えてみる。この矢印は徹底的に描き尽くす努力を払われるべきである。精神障害の要素（精神の機能の障害、症状、病理、病態など）のみを出発点にしているだけでは足りない。精神障害の要素がない場合や、それがあったとしても何も❷の諸要素を説明しない場合であっても、『犯行はなぜ起こったのか』は説明しなければならないから、出発点②には精神障害以外の要素、つまり健常部分を含む必要がある」「ステップ②の中に異常を見出そうとするのであれば精神科医でなければ難しいかもしれない。しかし、❷のほうに不可思議なもの、不合理なもの、健常部分だけで説明しきれているとは思えないものを見出す作業は、案外、精神医学の知識などがなくても（むしろ多くの普通の犯罪を知っている法実務家のほうが）積極的に試みることができるのではないかと思われる」。

　本件では、「❷に不合理なもの（健常部分だけで説明できないもの）を見出す作業」と「②から❷へ向かう矢印を徹底的に描き尽くす」ことが問題となる。

2　岡田幸之「責任能力判断の構造──8ステップモデルの基本解説」季刊刑事弁護93号（2018年）37頁。

「正常心理から説明できる」という検討は、判断者が何を重視するかで結論が変わりうる不明瞭なものである

　本事例で、第1審判決（以下「原判決」という）は、「苛立ちの程度が強ければ、その発散のためにアクセルペダルを一気に踏み込むといった行動に出てしまうことも正常心理から説明できないものではない[3]」として、完全責任能力を認めた。他方、控訴審判決（以下「控訴審」という）は「被告人には、上記のストレスあるいは苛立ちのはけ口として、無差別に通行人等を殺傷する意図があったとは、原判決も認定していないのであって、そうだとすると、このような事態に直面した場合に通常働くはずの規範的障害が働かなかったのではないか、そもそも本件発進を正常心理による行動として理解するのは困難ではないかという疑問がある」とした。

　苛立ったからといって、歩行者が目の前にいる状況で、アクセルペダルを踏み込むなどということは正常心理だとは言いがたい。したがって、原判決は非常識で、控訴審は常識的である、などということは簡単である。しかし、裁判官3名および裁判員6名が「正常心理から説明できる」と判断したとおり、「正常心理から説明できる」かどうかは、判断者が何を基準にするかによって結論が変わりうる不明瞭なものだということである。本件は、結果が重大で、控訴審が指摘するとおりの不可思議さが見えやすいが、同じ病状で、人を殴打した傷害事件であった場合、結果の重大性や行為の異常性から見える不可思議さは見えにくく、完全責任能力だとされてしまう危険がある。

理解できる「正常心理」だけを切り取らない

　8ステップにおいても、「犯行はなぜ起こったのか」について健常部分も含めて検討されることになるので、「正常心理」が被告人の行動にどう

3　「正常心理から説明できる」というだけで、責任能力が存在していることを合理的疑いなく証明したといえるかという点にも問題がある。

影響したかは検討されることになる。

　しかし、そもそも「正常心理」が何かはそれほど明瞭ではない。

　①「被害妄想」によって、②「苛立ち」、③「怒り」、犯行に出た場合（た
とえば、被害妄想で、隣人に一方的に「苛立ち」、隣人に文句を付けたところ口
論となって「怒り」を覚え、事件が生じた場合）、②若しくは③だけをみて、「正
常心理」による犯行だと考えるならば、ほとんどの事件で責任能力がある
ことになるが、そのような判断は不合理である。他方、①被害妄想はあ
るが、それと関係なく、現実的契機があって、②「苛立ち」、③「怒り」が
生じて犯行に至ったというのであれば、②もしくは③から「正常心理」に
よる犯行だと考えることもあるだろう。しかし、通常、異常と正常はき
れいに切り分けられないし、その「正常」という意味も異なる。心神耗弱
と判断されるような事例は、完全に責任能力がある事件の「正常心理」と
は違い、心神喪失に至っていないという程度の意味で「正常心理」の存在
が肯定されるにすぎない。結局、ある心理の分析をする際の出発点はど
こなのか、正常／異常の二元論で判別できるのかという視点を持つこと
が重要であるように思われる。

　本件では、統合失調症が重症化していることには争いがなく、単に「正
常心理」で犯行が起きたなどとは到底言えない事件だと思われるが、被告
人の統合失調症が重症化している状況をまったく無視して、一見正常に
見える「苛立ち」などを切り取って判断した点に問題があるように思われ
る。原判決が述べるように、被告人が「約６キロメートル以上の道路を正
常に運転して本件交差点に到達した」点は、運転を行うことができたとい
う意味において一見健常にみえる部分であることは間違いない。しかし、
控訴審が認定しているとおり、運転行為の継続自体が妄想に基づく行動
なのであり、Ｂ医師が述べる内的不穏と矛盾するものでもない以上、一
見健常に見える部分だけを切り取って「正常心理」だとすることは本来尊
重されるべき精神医学的知見を無視することになるように思われる。

「②から❷を徹底的に描く」ことの意味

　原判決がまとめるＡ医師の意見は次のとおりである。「本件犯行は、アクセルペダルを踏むと同時に興奮状態となり、衝動的に行われた犯行と考えられるところ、犯行時、被告人には犯行を指示する妄想や幻覚はなかったことから、この興奮状態が妄想や幻覚といった了解不能な理由によるものでないことは明らかである」。

　他方、Ｂ医師は、被告人は内的不穏の状態で、「本件犯行の直前には、それまで続いていた内的不穏の状態から、統合失調症の症状である緊張病性興奮の状態へと移行した」と証言した。

　どちらの精神科医の見解が精神医学的に正しいのかについては、本稿の精神科医コメントを参照してほしい。

　Ａ医師は、正常心理を中心に、その機序を我々にも理解可能なストーリーとして描くことができる。ただし、犯行前後の行動や運転行為に症状の影響が色濃くでているのに、犯行だけ症状と切り離されるというのは不自然だし、その断絶について語られないことは「徹底的に描く」ことが不十分だったように思われる。

　他方、Ｂ医師の説明する機序は、内的不穏、緊張病性興奮という臨床経験豊富な精神科医にしか実感できないものであり、納得できる機序が示されたとは言い難く、徹底的に描かれたといえるのか疑問がある。

　「②から❷を徹底的に描く」としても、その出発点は、統合失調症の精神障害の要素であって、そこが不十分な機序の分析は、たとえ徹底的に描かれているように見えたとしても意味がない。逆に、緊張病性興奮から起きた事件だと言われると、機序が徹底的に描かれていないようにも感じるが、症状を語れるケースとそうでないケースとで、症状に応じた機序の描き方の違いがあって当然であろう。

　なお、Ａ医師のように「被告人には犯行を指示する妄想や幻覚」がないから、責任能力はあると判断する精神科医はかなり多い。統合失調症には、妄想や幻覚だけでなく、さまざまな症状がある。当然、被告人が言語化できない症状もある。控訴審の「統合失調症の患者の場合、幻覚や幻聴は、

健常者にとって言葉で理解しやすい現象にすぎず、言葉で表現できない妄想気分という症状を示すものもあり、幻覚や幻聴を訴えていないからといって、統合失調症の症状が軽いことにはならない」という指摘は重要である。

　本件が統合失調症が重症化し、症状が被告人の行動等にかなり影響していたことに争いがない事案だけに、「被告人には犯行を指示する妄想や幻覚」がないから責任能力に影響がなかったなどという表層的な意見については疑問を持つべきである。

　我々には、精神医学の知識もなく、臨床経験豊富な医師から、「内的不穏」とか「緊張病性興奮」といわれても、なかなか実感を得ることは難しい。しかし、法曹にない知見を得るために鑑定をしているのであるから、理解困難だから無視するということではなく、その論拠や実体を丁寧に専門家から聞き、理解し、その上で、責任能力に関する判断を丁寧に行う必要がある。

精神科医が面接していないことの評価を誤らない

　複数の精神科医の異なる意見がある場合に、どちらを採用するかは難しい問題である。

　原判決は、Ｂ医師が被告人と面接していないことを理由に前提条件に問題があるとした。そのような判断をする裁判例は少なくない。

　しかし、本件は、面接していないことが信用性評価に直結する事案ではない。控訴審がＢ医師の意見は「本件犯行時の被告人の精神状態を判断する際の情報について、被告人と面接した際の状況を含め、専らＡ医師作成の鑑定書の内容を基礎にして判断したものであるから、Ａ鑑定との比較において信用性を判断するに当たり、Ｂ医師が被告人と直接面接していないことを根拠として、信用性を否定するのは理由がな」いと判断したのは正しく、他の事件においても参照されるべきである。

精神科医のコメント

五十嵐禎人 いがらし・よしと　千葉大学教授

はじめに

　本事例では、犯行時の被告人の精神状態をめぐり3名の精神科医が法廷で証言した。被告人が統合失調症に罹患していること、本件犯行時に、被告人の統合失調症は悪化しており、その症状が本件犯行に影響を与えていたという点については、3名の精神科医の評価は一致していた。しかし、検察官よりの依頼で起訴前嘱託鑑定を行ったA医師は、正常に運転できていたこと、妄想や幻覚など了解不可能な理由によって行われた犯行ではないこと、夫との直前のやりとりによって苛立ちが高まったという正常心理で説明できる要因に、悪化していた統合失調症の症状の影響が加わった結果、やり場のない苛立ちの発散として衝動的にアクセルペダルを踏みこんで起きた犯行であり、被告人は、善悪の判断能力およびその判断に従って行動する能力を有していたと考えられると鑑定した。これに対して、弁護人の依頼で意見書を作成し、弁護側証人として出廷したB医師は、運転開始時の被告人には、内的不穏があり、その後、緊張病性興奮となり、急激にアクセルペダルを踏み込んで起きた犯行であり、被告人の善悪の判断能力およびその判断に従って行動する能力は減弱しており、その程度は「失われていた」と言える水準と考えるが、少なくともそれにかなり近い「著しく」という程度に達していたという意見を提出した。控訴審で弁護人の依頼で意見書を作成し、弁護側証人として出廷したC医師は、B医師の見解を全面的に支持し、A医師の見解を弾劾した。

　本事例は、統合失調症の急性増悪期における犯行に関する事例であるが、法廷で証言した精神科医の見解が大きく分かれ、裁判所の判断も、第1審は完全責任能力、第2審は心神喪失と大きく分かれた点に特徴があるといえる。

統合失調症の影響の評価──病状経過を見渡す評価の重要性

　記録によれば、本件犯行の約1カ月前から被告人の統合失調症は悪化し、「人に追いかけられて怖い」「悪い人が来て自分の顔を変える」などという被害妄想に基づく異常行動が多発していた。犯行の数日前には、病状悪化を心配した被告人の夫は主治医と相談し、被告人を入院させる手筈を整えていた。犯行前日には、夫と一緒に訪れた交番で、被告人は「みんな悪い人」などと言いながらパニック状態になったため、警察官が措置入院のための通報を検討し、このことを夫に勧めるほどであった。犯行前夜には、「寝ている間に悪い人が来て男に変えられる」という妄想に基づく恐怖から、ほぼ一睡もできず、また、眠くなるからといって処方薬も服用せずに過ごしていた。犯行当日も、被害妄想のために、「姉たちが心配」であることを夫や警察官に訴え、通院先の診療所に向かう途中、東京へ行くといって急に行き先を変えるなど、被害妄想に左右された行動の異常が出現していた。本件事故後には、運転席から転がりながら降り、路上で、手足をばたつかせながら意味不明の言葉を叫ぶという錯乱状態になっていた。

　こうした経過からも明らかなように、本件犯行は、被告人の統合失調症が急性増悪していく経過の途中に起こった犯行である。最近の刑事精神鑑定では、犯行前後の行動について、病気の症状による部分と正常な部分とを提示し、比較衡量して判定するように求められることが多い。しかし、統合失調症の急性増悪期においては、統合失調症の症状がその人の判断や行動に与える影響は甚大なものである。また、時間の経過とともに、病状が悪化し、さらにその影響が増していくことも多い。「統合失調症の急性期に行われた行為の場合には、被鑑定人の判断能力は全般的に低下している可能性が高く、心神喪失や心神耗弱に該当する可能性が高いと考えられる」[4]のである。たとえ、正常とみえるような行動がみ

4　五十嵐禎人「刑事責任能力総論」五十嵐禎人編『刑事精神鑑定のすべて』（中山書店、2008年）10頁。

られたとしても、そのことを過大に評価することは、少なくとも精神医学的には不適切である。

　A医師は、犯行と直接関係する因果要因としての幻覚や妄想は認められなかったと評価しているが、本件犯行前後にみられた行動の異常の根底に存在する被害妄想の影響については十分な検討が行われていない。被告人の情動は比較的安定していたと評価しているが、たとえば自動車を正常に運転できていたことなど、ある場面だけをみれば、そのように評価できるところもあるかもしれないが、本件犯行の経過全体をみれば、そのように評価することは、適切とはいえない。犯行直後の被告人について、情動性健忘を伴う激しい興奮状態にあったと評価しているが、病状が悪い時でさえ、今回のような激しい興奮状態を呈したことがないことから、被告人の病状によるものとは評価せず、むしろ、犯行時の被告人が本件犯行の重大性を認識していたことを強く示唆する所見と評価している。A医師は、個々の場面や個々の症状の評価にとらわれすぎており、そのために、統合失調症が悪化していく経過全体を見渡したうえで、被告人の判断や行動を評価するという姿勢を欠いていたように思われる。そして、そのことが、A医師の、精神医学的には妥当とはいえない判定結果につながったように思われる。

　臨床精神医学には、症状や病状の推移、症状や病状の精神機能（意識、現実検討、判断、行動等）に与える影響についての知見がある。生物学的要素（精神障害の診断）が心理学的要素に与えた影響の分析にあたっては、こうした臨床精神医学における知見を活用する必要がある[5]。特に統合失調症のように病相・病期が明確にある精神障害の場合は、病状評価が重要である。たとえ同じ内容の妄想であったとしてもその影響は病相・病期によって大きく異なる。そして、病状や病相・病期の評価は、個々の症状の有無や推移だけで決まるものではなく、生活全般に対する影響（社会生活機能）も含めた総合的な評価に基づいて行われるものである。急性増

5　五十嵐禎人「刑事責任能力鑑定の精神医学的基礎」五十嵐禎人＝岡田幸之編『刑事精神鑑定ハンドブック』（中山書店、2019年）16〜17頁。

悪期の統合失調症の人の刑事精神鑑定においては、個々の症状や行動にとらわれすぎずに、病状が悪化していく経過全体を見渡したうえで、被告人の判断や行動を評価することが重要である。

緊張病性興奮という評価について

　B医師は、本件犯行時の被告人は、緊張病性興奮の状態にあったとしており、控訴審判決では、B医師が述べた「緊張病性興奮」という用語が、いわばキラーワードとなり、心神喪失という判断につながったようにも思われる。C医師は、B医師の評価を適切としているが、緊張病性興奮というB医師の評価については、若干の疑問がある。

　緊張病性興奮とは、「急激に起こる精神運動興奮で、意志による統制を欠き、状況との関連や行為の一貫性がなく、了解不能な興奮である」[6]。この定義をみてもわかるように、緊張病性興奮の状態で行われた行為は、どのような行為であれ、責任無能力と考えるしかないといえるような精神状態を指している。緊張病性興奮は、典型的には、緊張病状態でみられる興奮のことを指す。緊張病状態は、多動と寡動、興奮と昏迷、談話促迫（多弁）と緘黙、拒絶と命令自動というように症状の構造が双極構造になっていることが特徴であり、これらの症状が交代して出現する[7]。しかし、被告人の病歴や本件犯行前後の行動をみても、多動、多弁、興奮などを思わせるような行動はみられても、寡動、緘黙、昏迷を思わせるような行動はみられない。資料で得られる情報の範囲では、本件犯行前後の被告人を緊張病状態と診断することは適切とはいえないように思われる。控訴審でA医師が証言したように、本件犯行前後の被告人の精神状態は、緊張病性興奮というよりは精神運動興奮と評価する方が、精神医学的には、より適切なように思われる。ちなみに、精神運動興奮とは、

6　大熊輝雄「現代臨床精神医学」第12版改訂委員会編『現代臨床精神医学〔第12版〕』（金原出版、2013年）105頁。
7　市橋秀雄「緊張型分裂病」松下正明ほか編『臨床精神医学講座(3)　精神分裂病Ⅱ』（中山書店、1997年）41頁。

「精神活動に起因して生じる病的興奮のことを」指し、「意志の障害を伴っているニュアンスがあり、通常は病的な体験や病的な情動状態から生じる興奮の場合に精神運動興奮」と呼ばれる。[▼8]

　緊張病性興奮は、緊張病状態でみられるきわめて重篤な精神運動興奮である。本件犯行時の被告人の精神状態が緊張病性興奮の状態にあったのか、それともより軽度で、正常な心理も関与する可能性がある単なる精神運動興奮の状態にとどまっていたのかは、精神医学的にはひとつの論点になりえる。本件の場合はともかく、こうした精神状態の評価の相違が精神医学的判定や責任能力の判断に影響する事例もありえるのであえて指摘しておくこととする。

おわりに

　裁判員制度を契機として刑事責任能力鑑定の在り方は変化し、機序の解明や正常な部分と異常な部分の比較衡量という二分法による説明などが強調されている。B医師が証言しているようにA医師の治療者としての技量は高いように思われる。それにもかかわらず、A医師の鑑定意見は精神医学的には不適切なものとなっていた。A医師の経験不足はあるにせよ、その背景には、こうした裁判員制度による変化の問題点が反映されているように思われる。[▼9]

8　宮田善文「精神運動興奮」加藤敏ほか編『現代精神医学事典』（弘文堂、2011年）502頁。
9　五十嵐禎人「裁判員裁判を契機とした刑事責任能力鑑定の変化」精神神経学雑誌123巻1号（2021年）20〜25頁。

現住建造物等放火被告事件
（診断：大うつ病性障害）
奈良地判平28・11・30　LEX/DB25545109

大うつ病性障害による心神喪失として無罪となった事例

報告論文

皐月宏彰　さつき・ひろあき　奈良弁護士会

事案の概要

1　被告人（当時61歳・独居）は、奈良県橿原市内の共同住宅（鉄骨造鋼板葺２階建・各階３室・床面積合計110.76㎡）の203号室に居住していたが、うつ病の影響で希死念慮が生じ、焼身自殺をしようと考え、2015年９月11日午前１時頃から同日午前２時37分頃までの間に、自身の居室において、ライターでポロシャツに点火して、プラスチック製の衣装ケース上に置くなどして火を放ち、その火を衣装ケースから床及び天井に燃え移らせ、よって、部屋の一部を焼損（焼損面積約20.3㎡）したとして、現住建造物等放火事件で起訴された。

事実経緯については争いはなかったが、犯行当時の被告人の責任能力の有無が争点となった。

2　事件当時、他の部屋にも人が居住しており、その者は煙の苦しさで目覚め、消防車を呼び、駆けつけた消防隊員に対して被告人は煙草の不始末だと誤魔化していたが、最終的には火を放ったことを自白し、警察官に逮捕・勾留された。

裁判所・検察官から国選弁護人選任権の説明を受けるが、被告人は、

事の重大さを理解せず、弁護人を選任しなかった。

　捜査機関は、被告人の言動が異常なことに気づき、鑑定留置を行い、精神鑑定が行われた。

　2015年12月10日に鑑定意見が出され、うつ病性障害と診断され、犯行当時、うつ病により希死念慮を想起する状態にあり、是非善悪を弁別する能力は減弱し、弁別に従って行動する能力については主体性及び自発性を欠如していたという鑑定主文となった。

　検察官は、同年12月15日に起訴したが、心神耗弱を前提にしていた。

3　起訴後、奈良弁護士会所属の赤宗桂一弁護士が国選弁護人として選任され、裁判員対象事件であったため、複数選任が認められ、当職が名簿に基づき選任された。本庁に事務所が近いためもあり、当職が主任弁護人となった。

　弁護人の選任は12月25日であり、被告人は、実に3カ月以上も弁護人の支援を受けられずに捜査の対象となっていた。

事件当時の被告人の状況

1　被告人には家族（元妻・子ども2人）がいたが、妻との離婚をきっかけに子どもたちとも疎遠になり、うつ病のために仕事が続けられなくなり、生活保護を受給し、誰とも交流をせず、孤独な生活を送っていた。

　被告人は、30歳頃からパニック障害の発作に悩まされるようになり、1998年頃からはうつ病の診断を受け、以後、うつ病の治療で県立医大に通院していたが、治療の効果が見えてこないことや主治医との信頼関係が築けないことに無力感を抱き、不眠症も訴え、徐々に通院の頻度は減っていった。

2　被告人は、これまでの離婚、破産、家族と会えなくなっていったこと、実母の死、失職、生活保護受給などのマイナスの出来事を経験し続け、生きていることに価値を見出せなくなり、いつしか「楽に死にたい」、

「眠っている間に火に撒かれて死にたい」と考えるようになった。そして、事件当日の深夜、衝動的に希死念慮が生じ、処方されていた睡眠薬のハルシオンを5錠飲んで、寝る直前に火をつけて焼身自殺をしようと思い立った。

3　被告人は、まずハルシオンを2〜3錠服用し、効果を感じ始めたのでさらに追加で2〜3錠服用し、手元にあったライターに火をつけ、ポロシャツに点火して、プラスチックケースに置いて、さらに燃えやすいように台所に行ってビニール袋を取って、上から重ねた。そして、被告人は、燃えている前で横になり、寝ている間に火に撒かれて死ぬであろうと思った。

　しかし、予想以上に煙の息苦しさに耐えきれず、室外に逃げ出した。被告人は、一気に現実感を取り戻し、駆けつけた消防隊員らに、とっさに火の不始末だと答えたのであった。

公判前の弁護活動

1　当職は、責任能力が争点となる事案はこれまで経験したことはなく、捜査段階ではまったく関わっていなかったため、弁護人に選任されてからすぐに接見を行い、事案の把握に努めた。

　相弁護人とも密に相談して方針を定め、家族との接触、被害者・保険会社への対応、主治医へのヒアリング等を行った。

2　初回接見時の当職及び相弁護人の感想は、「被告人の精神状態は普通ではないか？」であった。被告人は、事件当時の記憶は明確にあり、睡眠薬を2度に分けて飲んだり、燃えやすい状況を作ったり、嘘を言っていたところは、合理的な行動だと思われた。

　しかし、独特の雰囲気を醸し出している被告人には何かあると思って、当職はしつこく質問を繰り返した。

　そうすると、被告人の表情が変わり、「夢か現かわからない……」とし

て、自分の状況について詳しく当職に答えてくれるようになった。

3　被告人は、事件の数週間前から、室内で幻覚・幻聴様の存在を感じるようになっており、それを被告人は、「BOSS」「マウスピース」と呼んでいた。BOSSは、有名な缶コーヒー飲料から名づけられており、マウスピースは、当時、被告人は歯の治療でマウスピースをしていたところから名づけられた。丸い塊のようであったらしい。

　彼らは、自分と対等な存在で、存在自体は居心地のよいものであった。

　また、被告人は、天空の世界を飛んでいることもあったようである。

　そして、被告人が、放火を思い立ったときは、「魔王」と呼ばれる存在が現れ、眠ろうとしているときに、横に伏していたのであるが、煙の苦しさに魔王も外に出て行き、それ以降は、魔王は登場しなくなった。

　逮捕・勾留時には、死んだ父親が出てきて、自分のお腹のあたりにいて、取調べを代わりに受けていたという。留置場で、父親と2人で話をしていたこともあったが、しばらくして、父親はいなくなったという。

　これらの事情は、他人に話したら馬鹿にされると考え、被告人は主治医にも鑑定医にも言わなかった。弁護人が取調べ状況の録画映像を確認したところ、確かに、被告人が独り言をしている状況が確認され、また、留置場の記録を取り寄せると、夜中に独り言をしていたことが記載されていた。

4　弁護人は、被告人の幻覚・幻聴様のものについて主張し、再鑑定を求めた。検察官もとくに異議は述べなかった。そのため、上記の事情を新たな事実として、再鑑定が実施された。

5　2016年8月4日に再鑑定意見が出され、診断名は、「主診断：大うつ病性障害、重度」、「副診断：離人・現実感喪失症候群」となった。そして、被告人は、犯行当日、離人・現実感喪失症候群を伴ううつ状態にあり、そのため、是非善悪を弁別する能力は著しく低下し、弁別に従って行動する能力も極めて低下していた可能性が否定できないという鑑定主文となっ

た。

6　公判前整理手続の間、検察官・弁護人同席のもと、鑑定医とのカンファレンスが行われた。鑑定医も判断に迷っておられ、被告人の症状の特殊性があったが、副診断の離人症は、統合失調症のような妄想支配はないとされていた。

　弁護人は、うつ病であっても、希死念慮に支配されたら、行動が制御できない（自殺を止められない）のではないかという質問をした。鑑定医は、重度のうつ病なので、思考が膠着し、死ぬことしか考えられない精神状態であったと回答された。

　検察官は、希死念慮があったとしても、放火を選んだことについては、自由な意思決定があったのではないかという質問をした。鑑定医は、放火の選択には自由な意思決定があったことは否定できないと回答された。

7　弁護人は、うつの希死念慮による思考膠着で、放火することしか頭になく、是非弁識能力あるいは行動制御能力が欠如しており、心神喪失であるとの主張をすることに決め、公判に挑んだ。しかし、これまでの刑事裁判の傾向から、心神耗弱は認められても、心神喪失は困難であろうというものが弁護人の見方であった。

公判での弁護活動

1　事実関係については争いはないため、公判期日は、初日に冒頭手続・検察官提出証拠の取調べ・情状証人質問（元妻）、2日目に被告人質問・鑑定医のプレゼンと尋問、3日目に論告・弁論、4日目に判決となった。

　被告人の情状酌量を訴えた元妻の証言を聞いて、被告人は涙していた。

2　被告人質問では、事件に至るまでの経緯、事件当時の精神状態、BOSSやマウスピースなどの幻覚・幻聴について明らかにされた。また、社会復帰した場合は、介護保険の申請を行い、社会福祉法人の施設に通所

する意向も強調された。被告人は、現在は寛解していること、これまで一人っきりで生活していたことで希死念慮が強くなったから、今後は社会との関係を作り、回復を目指すことを話した。

3　被告人質問を終えて、鑑定医のプレゼンと尋問が実施された。鑑定医は、被告人の話す様子を観察されていた。

　鑑定医は、被告人が、本件放火行為当時、大うつ病性障害に罹患しており、その程度は重度であり、その症状である希死念慮により、死ぬことに思考が膠着した状態であること、本件放火行為当時、病気以外に自殺を行動化した直接的なきっかけがあったとは思えず、衝動的に本件放火行為に及んでおり、当時は、死ぬこと、火をつけることしか頭になく、火をつけることにより周囲がどうなるかを考えられる状態にはなかったと話された。また、被告人は、本件放火行為当時、離人・現実感喪失症候群も併発していたものの、その症状によるとみられる幻覚は、本件放火行為を支配、命令するようなものではないことなどに照らし、本件放火行為に影響を与えていないとも説明された。

4　これらの証拠調べを終え、検察官、弁護人から意見が出された。

　検察官は、①被告人の希死念慮は、死ぬことしか考えられないという程度ではなかったこと、②自殺方法として放火を選択したのは、被告人の性格に由来するもので、大うつ病性障害の影響を受けていないこと、③放火後の状況を的確に把握し、目的に合致した合理的な行動をとれていること、④放火直後に、自身の行動の善悪を判断して、責任を免れようと考えて、たばこの不始末による出火である旨の合理的なうそをついていることを挙げ、被告人には正常な精神作用が残されており、心神耗弱にとどまると主張した。

　弁護人は、一連の行動をする1時間程度、被告人は、火を放つことが善いことか悪いことかを考えたり、死ぬことをおそれて火を付けることを躊躇したりするという、正常な人であれば当然に思ったり、感じたりすることができないような精神状態にあり、被告人がこのような精神状

態に陥ったのは、重度の大うつ病性障害の症状＝死ぬことしか考えられなくなるという思考膠着の症状が決定的に影響を及ぼしていたとして、心神喪失の主張をした。

5　裁判所は、検察官の①〜④の主張のいずれも否定したうえで、被告人が自殺や放火行為を決意した動機としては了解が困難というべきであることから、被告人が自殺を実行に移し、放火行為に及んだのは、大うつ病性障害による希死念慮のために自殺すること以外は考えられない状況に陥り、その圧倒的な影響を受けたためであると評価できるとして、被告人が放火行為当時心神喪失の状態にあった疑いがあるとして、無罪を言い渡した。

所感

　当職及び相弁護人ともに、無罪判決が出るとは予想しておらず、言渡しの内容には耳を疑ったくらいであった。鑑定医への尋問にて、うつによる希死念慮が生じると、思考膠着となり、死ぬことしか考えられず、行動を制御することはできないという趣旨の回答が引き出せたことが、裁判員の心証を動かしたと考えられる。

　しかし、8ステップモデルでは、症状の犯行への影響の程度は法的評価であって、統合失調症とは異なり、うつ病では是非弁識能力が保持されている（と考えられる）ことから、「鑑定医の意見と裁判所の法的評価は異なる」等という紋切り型の判断がなされるのではないかと弁護人は予想していた。裁判官の補充尋問は、心証は黒だったとしか考えられないようなものだった。このような不安感から、弁論では、最判平20・4・25の判示事項も述べてみたが、裁判員にはどこまで理解していただけたかはわからない。

　なお、判決後の医療観察法事件では、当職が付添人を担当し、審判では、犯行時の診断について異なる判断がなされ、最終的には寛解しているとして、医療観察法が不適用となり、審判言渡期日に退院となった。

弁護士のコメント

森岡かおり もりおか・かおり　第一東京弁護士会

　本事案の弁護活動のポイントは、①起訴後に選任された弁護人が、被告人から、取調官や起訴前鑑定人には語っていなかった幻覚・幻聴様の存在を聴き取り、②その点を前提事実に加えて再鑑定（50条鑑定）を請求し、採用されたことに加え、③再鑑定では弁識能力の程度を「著しい低下」とする意見を述べていた鑑定人の尋問を経て、心神喪失無罪の判決を引き出した点にある。

　そこで、本稿では、①精神障害・症状に気づくことの重要性、②50条鑑定請求のポイント、③精神科医と法律家との役割分担を意識した弁護活動、の３点について考えたい。

精神障害・症状に気づくことの重要性

　本事案では、弁護人が接見の中で、被告人から「BOSS」「魔王」といった幻覚・幻聴様の存在や、死んだ父親が現れたことを聴き取っている。弁護人は、被告人の話を聞いて、取調べ録画映像や留置記録を確認し、被告人が独り言をしていた裏づけ資料も見つけ出している。ところが、被告人は、他人に話したら馬鹿にされると考えて、これらの事情を主治医にも起訴前鑑定人にも話さなかったといい、取調べでも語っていなかった。妄想や幻覚等の症状がある被疑者・被告人が、その存在を話したがらないことはまれではない。本事案の被告人のように、馬鹿にされると考えてのこともあれば、過去に他人に話して病気扱いされた経験をしたからという場合もある。そもそも病識（病気であるという自覚）がない場合も多い。

そこで、弁護人が、精神障害・症状に気づくことが重要となる[1][2]。そのためには、まず受容的に耳を傾けることを意識する。奇異に思える話が出てきても、否定したり疑いを向けたりすることはせず、ここでは何を話しても大丈夫だと、安心して話ができる場を作っていく。事実を細かく聞いていくことで、事件と関連性のある精神症状の話が自然と出てくる場合もあるし、ストレートに既往歴を聞くのではなく、「よく眠れていますか」「体の調子で困っていることはありますか」などと聞くことで、不眠や体調不良の原因となっている精神症状の訴えが出てくる場合もある。「いつも飲んでいる薬はありますか」といった質問から、薬の種類や量、通院の有無などを確認していくこともできる。動作や視線、発話のタイミングなど、非言語的な情報（たとえば、宙の一点を見つめる、不思議なタイミングで笑うなど）も貴重な手掛かりになる。

　大切なのは、「何かおかしい」と違和感を持つことである。本事案の弁護人も、「独特の雰囲気を醸し出している被告人には何かあると思って、質問を繰り返した」とあり、被疑者・被告人が出すサインを見逃さないよう、弁護人が常にアンテナを張っておくことが求められる。

50条鑑定請求のポイント

　本事案では、弁護人からの50条鑑定請求が採用され、再鑑定が実施されている。

　起訴前鑑定がある場合に、50条鑑定請求をするには、「起訴前鑑定を採用し得ない合理的な事情」を具体的に示すことがポイントとなる（最判平20・4・25刑集62巻5号1559頁）。起訴前鑑定の結論部分を否定するだけ、あるいは精神障害が疑われる事情を主張するだけでは足りない。具体的に、①鑑定人の公平さに疑いがあること、②鑑定人の判断手法に問題が

1　日本弁護士連合会刑事弁護センター編『責任能力弁護の手引き』（現代人文社、2015年）68頁。
2　五十嵐禎人『成年後見人のための精神医学ハンドブック』（日本加除出版、2017年）は、精神障害の基礎知識や代表的な疾患ごとの特性、コミュニケーションの取り方などがコンパクトにまとまっており、参考になる。

あること、③鑑定の前提や基礎資料に誤りがあることを主張していく必要がある。[3]

　本事案でも、弁護人が、起訴前鑑定の時点では把握されていなかった幻覚・幻聴様の存在を示し、「③鑑定の前提や基礎資料に誤りがあること」を主張して再鑑定を請求し、採用されている。この他、起訴前鑑定において、精神症状が犯行に与えた影響の機序の説明が十分にされていなかったり、不可知論的な説明によって結論が導き出されているなどの事情があれば、「②鑑定人の判断手法に問題があること」として主張することもできる。

　これに対し、起訴前鑑定がない場合には、被告人に精神障害の疑いがあり、それが犯行に影響を与えた疑いがあるという事情を示すことがポイントとなる。[4] その際、これらの事情を整理するのに活用できるのが、7つの着眼点 である。[5] 7つの着眼点は、精神科医が法廷で質問されることの多い項目を列挙したものであり、精神科医による法律家への説明の準備のために用いる「整理のツール」であるから、7つの着眼点を用いることで、私的鑑定や協力医の診断がなくても、法律家つまり弁護人が、精神障害やそれが犯行に与えた影響についての疑問を整理し、主張として示すことが可能となる。

　なお、本事案では、再鑑定の鑑定人に起訴前鑑定と同じ精神科医が選任されている。起訴前鑑定人は、鑑定の前提・基礎資料が不足した状態で一度意見を出しているのであるから、その意見にとらわれずに再鑑定が実施できるのか懸念されるところである。本来であれば、別の鑑定人が選任されることが望ましい。

3　司法研修所編『裁判員裁判において公判準備に困難を来した事件に関する実証的研究』(法曹会、2018年)118頁。
4　司法研修所編・前掲注3書130頁。
5　「刑事責任能力に関する精神鑑定書作成の手引き　平成18〜20年度総括版(ver.4.0)」〈https://www.ncnp.go.jp/nimh/chiiki/shihou/tebiki40_100108.pdf(最終確認2021年12月23日)〉　および「同追補ver1.1」〈https://www.ncnp.go.jp/nimh/chiiki/shihou/tebiki_tsuiho11_110328.pdf(最終確認2021年12月23日)〉。

精神科医と法律家との役割分担を意識した弁護活動

　本事案では、再鑑定で弁識能力の程度を「著しい低下」とする意見を述べていた鑑定人の尋問を経て、心神喪失無罪の判決が言い渡されている。これは、精神科医が責任能力についてどこまで言及し、裁判官（法律家）がその意見をどこまで尊重するのかという役割分担が、適切になされた結果であると考えられる。すなわち、鑑定人は、8ステップの①〜④までについて尋問で意見を述べ、⑤以降については言及しない。⑤以降の法的評価部分については、検察官と弁護人が論告弁論で意見を述べ、それを踏まえて裁判所が判断するという役割分担である。[▼6]

　本事例に即して説明すると、鑑定人は尋問で、ステップ④の精神症状が犯行に与えた影響の機序として、重度の大うつ病性障害の症状である希死念慮により、死ぬことに思考が膠着した状態であったこと、火をつけることにより周囲がどうなるかを考えられる状態にはなかったことなどを証言した。また、正常な機能が働いたとも見える事情について、睡眠薬を2回に分けて服用した点は、単に経験上、前回の自殺企図と同様の方法で実行したにすぎないこと、犯行後に「火の不始末」と嘘をついた点は、煙による呼吸困難が刺激となって思考膠着から回復したと考えられることなどを証言した。

　鑑定人が意見を述べるのはここまでである。この先のステップ⑤以降については言及しない。精神症状あるいは正常な機能が犯行に与えた影響の機序（ステップ④）が、弁識能力・制御能力にどのように影響するのか、その影響の程度、さらに責任能力の結論については、法律家の専門領域として、検察官と弁護人が意見を述べ、裁判所を説得する。

　このように、精神科医と法律家の役割分担が適切に行われれば、仮に鑑定書に心神耗弱意見が記載されていても、それに拘束される必要はなくなる（もっとも、本件は2016〔平成28〕年の事案であるので鑑定書にステッ

6　岡田幸之「責任能力判断の構造——8ステップモデルの基本解説」季刊刑事弁護93号（2018年）37頁ほか。

プ⑦の結論まで記載されていたが、近時は、弁識能力・制御能力の評価、責任能力の結論を記載しない鑑定書も多い。鑑定請求の際も、ステップ⑤以降は鑑定事項として記載しない）。大事なのは、精神科医の専門領域であるステップ①〜④（特にステップ④）を鑑定人から丁寧に聴き出すこと、法律家の専門領域であるステップ⑤以降を弁護人が丁寧に当てはめて説得的な主張をすることである。

　本事例では、鑑定人が丁寧に機序の説明を行ったことに加え、弁護人が、思考膠着により周囲への危険といった善悪判断ができなくなっていたこと、放火行為の目的である自殺を思いとどまることができる状態ではなかったことを説得的に主張した結果、心神喪失無罪の判決につながったと考えられる。

精神科医のコメント

紙野晃人 <small>かみの・あきひと</small>　国立病院機構やまと精神医療センター名誉院長

　本件における論点は、精神病状態の有無とその程度であろう。精神病状態は、統合失調症あるいは気分障害における幻覚妄想状態等が該当する。動機については、被告人のおかれた状況及びうつ状態に起因する点は疑問の余地はなかった。一方、鑑定診察時には時々周囲を見渡して何かを探しているような素振りがあるなど、奇異な動きがみられたものの、会話が途切れることはなかった。そのため、犯行時の精神状態は、最初の鑑定では「うつ状態により是非善悪を弁別する能力は減退」しているとした。ところが、弁護士から、「BOSS」「魔王」と呼ぶ幻視があるとの意見があり、再鑑定を求められ、奇異な行動に疑問を感じていたこともあって再鑑定を引き受けた。

　被告人に幻視の説明を求めると、「取調中、父親が自分に乗り移って返答してくれた」、犯行時には「魔王が出てきた」と言う。しかし、被告人には幻覚妄想状態としての既往や治療を受けた病歴はなく、犯行時には

幻覚による指示や支配はなかったことから、少なくとも幻覚は犯行時の行動判断には関与していない。一方、姿を探す行動があり、聴取時には「自分は別の場所にいて自分を見ていた」とも言う。この状態は自我が解離した、離人症候群の状態であったと解釈された。うつ病の経過において離人症候群がみられる場合、判断能力を問うことができるだろうか。一般的には、解離症状は責任能力があると考えられている。しかし、解離症状の存在から、うつ状態は重度であると言わざるをえない。

　検察の意見として、犯行直後に被告人が「タバコの火の不始末から火事になったと思う」という虚偽の説明をしたことに着目していた。鑑定に際しての「7つの着眼点」の（ g ）の「犯行後の自己防衛・危険回避的行動」が、弁識能力を決定づける可能性があるためである。しかし、うつ病で思考膠着状態にあるとき、言葉をかけられたり、息苦しくなったりするなど刺激が与えられて、現実感覚を取り戻すことは珍しくない。本件では、後に自ら放火であることを認めたという言動は、放火の動機は絶望を交えた思考膠着にあったことに疑問はないと思われる。うつ病では是非弁識能力が失われるかどうか、と問われれば、失われることもありえると考えざるをえない。うつ病の程度が重度であるかどうかが、この判断に強く影響する可能性がある。

　まとめると、本件は「刑事責任能力判断の8ステップモデル」におけるステップ④「精神障害とそれ以外が犯行に与えた影響の機序」に関して、弁護士から疑義が出され、再鑑定を行った。その結果、精神病状態かどうかの精神医学的所見は、「重度のうつ病」とされた。すなわち、解離症状という精神病状態と極めて類似した徴候がみられているが、解離徴候の存在は気分障害の中での症状と解釈され、重度のうつ状態であり判断能力を失っていたと解釈された。裁判員は、被告人の心情、動機、行動、態度など、目に見える人物像に影響される。さらに、鑑定人が述べる病状の説明は、ステップ❼「弁識能力と行動制御能力の減損の有無、程度の評価」の判断に影響すると思われるが、障害の程度で決めるのではなく、被告人の人格を含め総合的な判断が求められるべきである。

　プレゼンに際しては、鑑定医はまず精神医学的な診断を提供すること

が基本となる。動機に精神医学的に説明できる要素があるかどうか、さらに了解可能な要素はあるかどうか。犯行時の精神状態において、客観的な判断ができる状態であったか。そして、犯行時を振り返った被告人はその行動をどのように了解しているのか。ステップ❽では「症状の犯行への影響の程度」を法的に評価するのであるが、判決は「心神喪失の疑い」にて無罪になった。本件を顧みると、動機あるいは犯行時において精神病的な要素がある重度のうつ病とされた場合、責任能力を問うことは難しく、裁判員は鑑定に判断を委ねて心神喪失の判断に傾きやすいのかもしれない。

現住建造物等放火被告事件
（診断：うつ病／大うつ病性障害）
岡山地判平29・11・10　LEX/DB25506573

うつ病による被害妄想等の強い影響下による犯行が心神喪失と認定された事例

報告論文

平井浩平　ひらい・こうへい　岡山弁護士会

事案の概要

　本件は、Aさんが、妻、子、自身の両親らと同居する実家にて、自室に灯油をまき、ライターで火をつけ、全焼させたという事案（現住建造物等放火罪）である。

　以下、若干の概要を記す。

- ・　Aさんは責任感が強く、真面目で優しい性格であった。
- ・　本件事件の約半年前、勤務先で昇格したことに伴い、業務量が増え、仕事を一人で抱え込むようになり、うつ病を発症し、妄想症状が出るようになる。
- ・　本件事件の２カ月前、職場も退職を余儀なくされ、療養もかねて実家に帰省し、父母らと同居するようになる。
- ・　本件事件３日前より、うつ病が急激に悪化する。
- ・　誰かに監視されている、捕まる、殺される、毒を盛られたなどの妄想に基づいた発言を行うようになる。誰かに殺されるという妄想に囚われ、警察署に駆け込む。また、病院にも行くが、十分な

治療は受けられず。

- ・ 事件当日となり、Ａさんは、午前中は変わりなく過ごすも、午後になり、突如苦しくなり、病院に行くも、結局、みずからの意思で診察してもらわず、帰宅する。
- ・ Ａさんは妻と二人でいるところ、妻に包丁を向けるが、同人に強い口調で静止され、その場はおさまる。しかし、その直後、自宅に灯油をまき、ライターで火をつけ、結果、自宅は全焼する。

捜査段階

Ａさんは、本件事件時、妄想を伴う重篤なうつ病に罹患しており、逮捕勾留後も、暫くは抑うつ状態（亜昏迷状態？）が続き、当職らとの接見時も数回は妄想を伴う発言が続いていたため、初期段階の接見ではほとんど、ヒアリング等はできなかった。一方、Ａさんの家族が、弁護人に非常に協力的であったため、本件事件直前のＡさんのうつ病の悪化、妄想に伴う異常行動の数々は、初期段階で詳細に事実経過を把握することができた。

Ａさんは、当初の想定通り、鑑定留置となったが、鑑定留置期間経過後、勾留満期前日の接見において、Ａさんから警察から明日出られると言われた、家族と病院に行くように言われていると聞かされたことから、不起訴・医療観察法の流れになるかと思われた。が、実際は公判請求であった。

本件は、初期段階はＡさんとのコミュニケーションも十分ままならず、黙秘等もおよそ不可能であり、十分な弁護活動ができたとは言いがたいものであった。Ａさんとの接見時に機器を持ち込み、Ａさんの弁護人との接見時の様子等は最低限可視化しておくべきであったと反省している。

争点

Ａさんが本件事件当時罹患していたうつ病の影響下で犯行に及んだこと等をはじめとして事実関係の大半に争いはなかったため、争点は責任

能力の一点であった。検察官は心神耗弱を主張し、弁護人は心神喪失を主張した。

　本件では、責任能力の判断に際し、「Aさんが本件放火を思いとどまることを期待することができたか否か（著しく困難ではあったが期待できたか、期待できなかったか）」と具体的な判断枠組が裁判所により設定された。

　なお、争点に関連して、本件では、⑴Aさんには通院歴がなかったこと、⑵本件事件時、妄想を伴う重度のうつ病に罹患していたこと、⑶本件事件直前（放火）に妻に対して、包丁を突き出した（拡大自殺）ものの、妻の発言後、行動を思いとどまることができていたことなどの特徴があった。

公判前整理手続等

　打合せ期日、公判前整理手続は合計11回行われ、大まかな事実関係はほとんど争いがなかったため、期日でのやり取りの大半はうつ病と責任能力の関係についての議論であった。

　法的には、診断名から責任能力の有無を判断できないはずではあるが、うつ病は自閉症スペクトラム障害、解離性障害、パーソナリティ障害等といった精神障害と異なり、一般的にも馴染みがあり、正確にではないもののイメージしやすい、身近な疾病のためか、公判前段階では、犯行時、Aさんは抑うつ気分の状態であったに過ぎないのではないか、仕事がうまくいかない生活状況等から将来を悲観して犯行に及んだのに過ぎないのではないか、心神耗弱であるとしても心神喪失まではいかないのではないかという空気感が裁判所からひしひしと伝わってきた。

　しかし、実際には、Aさんは、単なる抑うつ気分にとどまらず、罪業妄想、関係妄想、被毒妄想、注察妄想等、極めて強い妄想に支配されており（当初、当職らはAさんの精神障害につき統合失調症であると想定していた）、Aさんは自分が死ななければ家族に危害が加えられるという内容の妄想に基づき、本件犯行に及んだわけであるが、Aさんの当時の心理状況を少しでも理解してもらおうと、妄想内容の具体的内容等の精神症状を予定主張でも羅列的に記載したが、印象としては、公判が始まるまで

は裁判所にはあまり伝わっていなかったように思われた。

　検察官請求証拠は、甲号証としては、同居するＡさんの家族の供述調書が主だったが、いずれの調書もＡさんの直前の様子（妄想に基づいた言動）は比較的正確に録取されており、事実関係も弁護人が同人らから直接聴取した内容等と齟齬がなく、さらに言えば、情状面での有利な記載が相当数認められたため、一部を除き同意とした。

　そして、家族の調書の公判への顕出方法は、事件後のＡさんとの関係（妻とは離婚）や、証言能力等を検討した結果、弁護人が重視している事件直前のＡさんの妄想エピソードが事細かに公判に顕出することができなくなる可能性が相当程度あったこと、また無罪主張をしており、情状立証は予定していなかったものの、前記のとおり、調書上は有利な情状に関する供述部分が相当の数あったこと等から、最終的には、人証ではなく、調書全文朗読で同意することとした。

　Ａさんの直前の精神症状（妄想）、かかる精神症状に圧倒的に支配された状況下での犯行（機序）に関しては、妻や母親などの家族の調書朗読に加え、検察官の統合証拠で時系列一覧表（弁護人が主張した〔強調したい〕事実が何点か加筆されたもの）として顕出されたが、直前のＡさんの妄想の内容や発言、行動等には双方に大きな争いがなかったため、本件に限って言えば、裁判員からすれば、家族の調書の記載内容とほとんど同一の内容の被告人質問（Ａさん自身しかわからない知覚記憶部分を除く）が後日行われ、さらに、その後には起訴前鑑定医の（難解な）尋問が控えている関係上、裁判員に争いのない事実を時系列に沿って整理し、鑑定人尋問に備えてもらう（集中してもらう）という意味においては、家族に関してはすべて法廷で尋問するよりは、調書朗読のほうが適切であったように思う。

　最後に起訴前鑑定書に対する証拠意見であるが、弁護人間で相当協議したが、両弁護人とも起訴前鑑定の結論部分（責任能力への意見）には賛同できないが、診断名をはじめ、具体的な精神症状と本件事件への影響の機序の部分も含めて、結論以外の部分には特に異論もないという結論に達したため、結論部分以外は同意することとした。50条鑑定の請求の要否を当然検討することとなり、本件事件では、裁判所は、弁護人が請求

しさえすれば、認めてくれるスタンスであったし、通常の弁護活動からすれば、50条鑑定を当然請求する事案であった。

50条鑑定を請求するか否かにつき、複数回にわたって、起訴前鑑定医に面談を申し込み、意見交換等をし、鑑定医との面談時にＡさんの取調べDVDで気になった場面等を起訴前鑑定医に一緒に確認してもらうなどし、鑑定書に沿って、弁護人が疑問に思っている点を説明してもらうなどした。そして、面談の結果、50条鑑定は請求せず、公判での証人尋問での弁護人が受け入れられない部分（機序の問題なのか、法的評価の問題なのかが微妙ではあったが）についての弾劾を目指すこととなった。

本件では、結果的には無罪となったため、弾劾は一定程度奏功したと思われるが、起訴前鑑定が耗弱意見であり、弁護人は喪失の主張をする以上、50条鑑定を請求すべきであったと諸先輩方から複数のお叱り、驚きの意見を頂戴し、責任能力を争っていく上での自分の無謀さを痛感した次第である。

弁号証として取調べ録音録画DVDの請求

本件では、取調べ録音録画DVDを弁号証として請求した。

立証趣旨は、上記のとおり、Ａさんの当時の妄想の存在であるが、弁護人の狙いとしては、逮捕直後のＡさんの妄想に囚われた状態の迫真性ある供述（自分が死ななければ家族に危害が加えられるという強い被害妄想の圧倒的影響下による犯行であること）を裁判員・裁判官が目にすれば、責任無能力と判断する（してくれるはずである）という強い思いがあったからである。とにかく妄想体験を実体験かの如く語る、Ａさんの雰囲気、様子、態度を見てほしかったというのが本音である。

弁護人２人で手分けして、17枚の取調べDVDを視聴し、請求当初は約40分程度を抽出して、取調請求したが、検察官は必要性なしとして、激しく抵抗してきた。

DVDの上映（取調べ）の必要性を書面で補充主張したり、録音録画DVDの上映時間を約７分間に絞ったりしたが、裁判所にもなかなか受け入れ

てもらえず、最終的には、採否留保のまま、被告人質問を経た上で、最終的に判断することとなった。

　なお、DVDの取調べの必要性の攻防の際、検察官は、取調官とAさんのやり取りについての報告書（反訳書）の形式であれば、同意できるとのことであったので、弁護人報告書を作成し、法廷で朗読することとなった。

公判期日

　公判時点で、本件事件時から約1年経過しており、Aさんは幸いにも妄想等の症状は消失しており、被告人質問も問題なく行える状態にあったが、記憶の減退が相当みられたことから、Aさんがこちらの予定通りに公判で供述してくれるか、直前まで非常に頭を悩ませたが、いざ公判になると、今まで聞いたことすらない想定外の事実（供述）も複数出てきたものの、接見でのどの問答よりも明確に供述してくれた。前日の甲号証朗読（Aさんの妻や母親が体験したAさんの言動）やAさんの公判供述から、Aさんの本件事件直前の異常行動、発言が明らかとなり、印象とすれば、この時点で裁判所は取調べDVDの上映については相当前向きになってきたものと思われる。

　その後、鑑定医の尋問が行われた。公判期日前から、検察官がプレゼンテーション資料の事前開示を拒否し、十分に事前検討することができず、尋問では起訴前鑑定の判断のうち、弁護人が受け入れられない部分につき、弾劾できたというような雰囲気ではなかったものの、裁判官の補充尋問の複数が弁護人の反対尋問と方向性を同一にするものであったので、心神喪失の気配をわずかながら感じた。

　そして、最終的には、懸案の取調べDVDは採用され、法廷でわずか7分間であるものの、Aさんの本件事件直後の妄想に基づいた取調官との生々しいやり取りが再生された。これが最後のダメ押しになったものと思われる。

　前日の公判において、取調官とAさんとの問答は弁護人報告書の朗読を弁護人2名において行っていたものの、裁判員からすれば、調書朗読

よりは、やはり取調べ時の生のやり取りを見てみたい、聞きたいということであったのであろう。

判決

　被告人は無罪。

　弁論要旨でも記載したが、Aさんに必要なのは、「刑罰」ではなく、「医療」であった。冒頭述べたとおり、Aさんが本件放火を思いとどまることを期待することができたか否かが具体的争点として設定され、本件では、動機が了解不能なこと、放火という犯行の意味の理解が浅いこと、行動の一貫性の欠如等からAさんは本件放火を思いとどまることはできなかったという認定であった。

　また、直前の殺人未遂行為も、Aさんが強固な被害妄想のため混乱した状況下で周囲の者の言動に反応して行動したに過ぎず、一貫して思考や目的に沿った行動をしていたものではないとされ、自分の意思により思いとどまることはできていなかったと認定された。

　「Aさんのうつ病が憎悪する中、家族が医療機関への受診の努力をしていたものの、それが奏功しないうちに被害妄想が深刻化した結果、衝動的に自殺を企図したAさんが重大な結果を生ずる行為に及んでしまったもの」という判決文の最後の一文が本件を端的に表している。

　なお、判決文には、「事件後の……取調べにおいても妄想を確信しているなど……」と認定されており、録音録画DVDの影響は少なからずあったように思う。

　本件事件を報告したが、私は複数選任された2人目の弁護人だった。無罪判決を獲得できたのは、主任弁護人である同期の片山裕之弁護士の弁護活動によるものにほかならないので、最後に感謝を述べたい。

弁護士のコメント

田岡直博 _{たおか・なおひろ}　香川県弁護士会

「うつ病」者の責任能力

　本事例は、「うつ病」による妄想（罪業妄想および被害妄想）の影響により、自殺しようとして、自宅に放火し、全焼させた現住建造物等放火事件である[▼1]。「うつ病」者の責任能力が問題となる事例には拡大自殺（無理心中）の類型が多く、意識野の狭窄、自殺念慮（希死念慮）などの症状の影響が問題となることが多い[▼2]。しかし、「うつ病」であっても、重症の場合には、妄想（罪業妄想、心気妄想、貧困妄想等）などの精神病症状を呈する場合はある[▼3]。本事例の起訴前鑑定では、自殺念慮はあったが、「うつ病」による妄想により生じた二次的なものであると評価されており、主たる症状は「妄想」とされている（公判前整理手続における争点整理、論告・弁論および判決でも、もっぱら「妄想」の影響が検討されている）。本事例は、被告人が「うつ病」による「妄想」に支配されており、放火を思いとどまることが期待することができたとは認められないことを理由に、心神喪失と認定された貴重な裁判例である。

1　診断名は「大うつ病障害　単一エピソード　精神病性の特徴を伴う」（DSM-5：296.24）、「精神病症状を伴う重症うつ病エピソード」（ICD-10：F32.3）であるが、起訴前鑑定では「うつ病」という病名が用いられており、公判前整理手続における争点整理、論告・弁論および判決はこれを前提としているため、本稿でも、単に「うつ病」という。なお、医療観察法鑑定では「急性一過性精神病性障害」（ICD-10：F23）と診断されたとのことである。
2　大阪地判平26・9・3判タ1425号337頁、奈良地判平28・11・30公刊物未登載。担当弁護人の報告は、日本弁護士連合会・日弁連刑事弁護センター＝日本司法精神医学会・精神鑑定と裁判員制度に関する委員会編『ケース研究　責任能力が問題となった裁判員裁判』（現代人文社、2019年）110頁、単月玄彰「うつ病性障害による心神喪失として無罪となった事件」季刊刑事弁護93号（2018年）83頁。
3　神戸地姫路支判平25・3・27。担当弁護人の報告は、前掲注2書138頁。

弁護活動のポイント

　本事例の起訴前鑑定の鑑定主文は「物事の是非善悪を弁別し、その弁別に従って行動する能力については、著しく障害されていた」というものであり、心神耗弱を示唆するものであった[4]。また、平井弁護士の報告にもあるように、「うつ」は比較的馴染みのある言葉であるだけに、適応障害などによる「抑うつ症状」と混同されがちであり、「うつ病」の精神病理は理解されにくい（公判前整理手続における裁判長の発言は、このような危惧を裏づけるものである）。その上、本件犯行時は病状が悪化していたが、起訴前鑑定時および本件公判時には軽快した状態にあったため、「妄想が本件放火に与えた影響の程度」を正しく理解してもらうことは容易ではなかったと思われる。本事例が心神喪失と認定されたのは、ひとえに片山弁護士および平井弁護士の弁護活動の成果である。ここでは、弁護活動のポイントを3点指摘したい。

1　再鑑定請求の要否

　平井弁護士は、起訴前鑑定の「結論以外の部分」に同意しており、再鑑定（いわゆる50条鑑定）を請求していない。この判断に関しては、異論もありえると思われる（平井弁護士は「弁護人は喪失の主張をする以上、50条鑑定を請求すべきであったと諸先輩方から複数のお叱り、驚きの意見を頂戴し〔た〕」と報告しておられる）。しかし、岡田幸之医師が提唱する「8ステップ」によれば、精神科医の専門領域は①〜④であり、❺〜❽は法律家（あるいは、裁判官・裁判員）の専門領域であるから、弁識能力および制御能力に関する意見（❼）に争いがあったとしても、①〜④に争いがないのであれば、起訴前鑑定に同意することは十分にありえる。起訴前鑑定が、弁識能力および制御能力は残っていたと評価した根拠は、㋐記憶が保持され

4　起訴後の本鑑定（いわゆる50条鑑定を含む）の場合には、鑑定事項を「精神障害が犯行に与えた影響の有無、程度および仕方（機序）」などと定め、鑑定人に対し、弁識能力および制御能力に関する意見を求めない事例が増えているが、起訴前の本鑑定（嘱託鑑定）の場合には、未だに鑑定受託者に対し、弁識能力および制御能力に関する意見を求める事例が多い。

ていることおよび①妻の制止に応じることができたことの二点であるが、本判決が適切に判示しているとおり、⑦「うつ病」の場合には記憶が欠落するとは限らないし、①妻の制止に応じることができたとの評価には異なる解釈の余地がある。そして、これらは、法的評価の問題であるから（①は事実認定の問題を含むが、最終的には法的評価の問題であると思われる）、起訴前鑑定の鑑定受託者が証言する「うつ病による妄想が本件放火に与えた影響の機序」（④）を前提に、法的評価（❺〜❽）を争うことは可能である。

　もっとも、現実には、いざ鑑定受託者の証人尋問になると、弁護人に対する敵愾心（？）から、（鑑定書の内容より）不利な証言がなされることは、決して珍しいことではない（「諸先輩方」の懸念も、同趣旨をいうものと思われる）。検察官には、鑑定受託者の証言要旨記載書またはこれに代わる供述録取書等の開示義務があるから（刑訴法316条の14第1項2号）、弁護人としては、事前に鑑定受託者に接触した上で、証人尋問を求める趣旨を説明するとともに、プレゼン方式による証言がなされる場合にはプレゼン資料の開示を求めるべきであるが、鑑定受託者は専門家証人であるから、仮に事前に開示された鑑定書等と異なる内容の証言がなされたとしても、これを弾劾することは困難である。そうすると、起訴前鑑定にリスクがあることは否定できない。しかし、他方で、仮に再鑑定を請求しても、採用されるとは限らないし、仮に採用されたとしても、審理期間の長期化は避けられない（再鑑定の採否をめぐって、検察官と弁護人が意見の応酬をする事態になることもある）。また、再鑑定の結果、必ずしも（起訴前鑑定より）有利な結果が得られるとは限らない。逆に完全責任能力を示唆する鑑定意見が提出され、起訴前鑑定より不利になるリスクも否定できないのである。平井弁護士は、これらの利害得失を考慮した上で、基本的には起訴前鑑定の鑑定受託者の証言に依拠した上で、部分的に不利な証言を弾劾する（同時に、法的評価を争う）方針をとったと理解できる。

2　録音録画記録媒体の請求の要否

　また、平井弁護士は、取調べの録音録画記録媒体（DVD）を請求している。公判前整理手続では、「採否留保」とされたが、最終的には、（わずか

７分間ではあるが）採用され、これが裁判官および裁判員の心証形成に影響を与えたと思われるとのことである。本来、取調べの録音録画は、取調べの適正化および供述の任意性立証の手段として導入されたものであるが、録音録画記録媒体（DVDまたはBD）は、逮捕直後の被疑者の言動が記録されていることから、責任能力判断のための証拠として利用することの可否が問題となる。[5] 裁判所は、録音録画記録媒体の利用に消極的な態度をとることがあるが、録音録画記録媒体を（被告人の精神状態を立証するための）非供述証拠として利用する場合には、供述の信用性判断を誤るおそれ等の弊害はない（撮影場所が取調べ室内であるという点を除けば、防犯カメラ映像や110番・119番通報、携帯電話機の録音データなどと同様の性質を有する証拠である）。かえって、逮捕直後の被疑者の言動を視覚的・聴覚的に理解することができるから、証拠価値は高い（少なくとも、反訳書面より証拠価値が高いことは明らかである）。本件でも、本件犯行時は病状が悪化していたが、本件公判時には軽快した状態にあったことから、録音録画記録媒体を視聴しなければ、的確な心証形成を行うことは困難であったと思われる。

3　責任能力の判断基準

　本事例では、「本件放火を思いとどまること（を期待すること）ができたか」という判断基準（判断枠組）が用いられている。平井弁護士によると、この判断基準は裁判所が設定したとのことであるが、本件では、弁識能力があったことは否定できないため、専ら制御能力（思いとどまる能力）が争点になったものと思われる。現に、判決では「放火が禁止された行為であり、他人から非難されるべき行為であることを理解していた」と判示されており、弁識能力は残されていたと評価したとも読める。もっとも、

5　接見の録音録画記録媒体の利用の可否が問題となった事例であるが、東京地判平22・10・5 LLI/DB判例秘書登載。高野隆＝趙誠峰「『接見ビデオ』を裁判員法廷で上映して心神喪失を主張」季刊刑事弁護65号（2011年）124頁、高野隆＝高桑光俊「接見ビデオを法廷で上映し、弁護側専門家が証言した事例」季刊刑事弁護69号（2012年）68頁。また、録音録画記録媒体の証拠利用の問題については、田岡直博「被告人の取調べの録音録画記録媒体の証拠利用の可否」判例時報2416号120頁（2019年）参照。

他方で、判決は、「自身の行動の表面的な意味を理解していたにすぎず、これがもたらす結果について適切に理解していたとは考え難い」とも評価しており、弁識能力が相当低下していたことを認めている。その上で、「本件放火を思いとどまることが限定的ながら期待することができたと認めることは到底困難である」と判示し、心神喪失を認定している。これは、弁識能力と制御能力を厳密に区別することは困難であり、究極的には（適法行為の）期待可能性の問題であるから、「本件放火を思いとどまること（を期待すること）ができたか」が判断基準になるとの理解を前提としたものと思われる。▼6 もっとも、「期待できたか」という判断基準は主観的になりがちである。弁護人としては、法的評価（❺〜❼）は、精神科医の証言する「うつ病による妄想が本件放火に与えた影響の機序」（④）を十分に尊重して認定しなければならず、かつ、その立証責任は検察官にあることに注意する必要があると思われる。

精神科医のコメント

椎名明大　しいな・あきひろ　千葉大学特任教授

うつ病概念の変遷と多様性

　精神疾患の中でも、うつ病ほど疾患概念が変遷を重ね、多義的に用いられてきた診断名はない。古くはヒポクラテスの文献に「けいれんでうつが治る」と、現代の電気けいれん療法の有効性を示す記載が認められる。20世紀初頭にはクレペリンが内因性精神病としての躁うつ病概念を提唱したことで、うつ病という疾患単位はいったん否定されたが、1960年代

6　名古屋高金沢支判令2・7・28公刊物未登載は、「被告人による本件各行為について、被告人の正常な精神作用による影響、すなわち、もともとの人格に基づく判断によって敢行されたといえる部分が残っていたと認めるには合理的な疑いが残る」ことを理由に心神喪失とした原判決（金沢地判平31・3・18判例秘書LLI/DB登載）は、「責任能力の判断枠組みを誤」ったものであるとして、これを破棄している。

に入ると、うつ病、躁うつ病、神経症性抑うつの三分類が各々病前性格との関係で議論されるようになった。その後1980年代の操作的診断基準の導入により、古典的なうつ病のイメージは換骨奪胎された。最新の診断基準DSM-5の制定過程で、「配偶者を失った直後の2週間泣いて暮らしただけでうつ病と診断するのはいかがなものか」という議論が紛糾したことは記憶に新しい。

　精神科医の間でも、うつ病のイメージはしばしば齟齬を生じることがある。精神科救急医療現場で活躍している先生方のもとには、割腹や焼身などの激しい自殺企図をした患者が搬送されてくる。一方、筆者の勤める精神科クリニックを訪れる患者のほとんどがみずからの言葉でストレスを語り、その一部はDSM-5のうつ病の診断基準を完全に満たしているが、自殺企図をする者は希有であり、ときには休養と簡易な精神療法のみで完治する者もいる。

うつ病患者の心理は「了解可能」か？

　うつ病患者の能力評価を困難にし、特に一般人の誤解を招きやすい理由の一つは、その病状の正常心理との近接性である。

　統合失調症に典型的な幻覚や妄想と異なり、うつ病の中核症状たる抑うつ気分や興味の低下は、健常者でもしばしば経験するものである。希死念慮でさえも、程度の差こそあれ頭をよぎったことのある者は多いであろう（しかし、一瞬死にたいと思うことと、その考えにとりつかれた末に実行に移すことの間には、やはり質的な隔たりがある）。先に述べた配偶者を失った直後の悲しみはもとより、辛く沈んだ気持ちや、そのために興味が沸かず楽しいと思えない状態について、字面で説明される限りでは、誰でも容易に想像できるのである。

　それゆえに、うつ病患者の病状はともすれば過小評価される。実際にうつ病を患って回復した患者に聞くと、多くは「あのときのうつ状態は到底、単なる気持ちの落ち込みといえるものではなかった。本当にどうかしていた」と語り、急性期における自身の心境をまったく想起できない者

　［ケース7］現住建造物等放火被告事件

さえ少なくないにもかかわらず、である。

　したがって、精神鑑定はもちろん、うつ病患者の処遇に携わる精神医療従事者は、その病状の正確な評価はもとより、患者の心理状態が正常心理で想定可能なそれと質的に、あるいは量的にどの程度、隔たっているのかを見極めて、関係者に対し説明することが求められるのである。

精神病性うつ病による犯行動機の形成

　被告人は事件当時DSM-5におけるうつ病の診断基準を満たしていた。加えて被告人が妄想を有していたことが鑑定人によって示されている。

　うつ病の中でも妄想を伴うそれは精神病性うつ病などと呼称され、通常のうつ病とは異なる生物学的機序を有するとの仮説もある。DSM-5の前身であるDSM-Ⅳにおいては、精神病症状が同定されればそのうつ病は他の症状如何によらず重症と定義することとされていた。この定義は撤廃されたものの、精神病性うつ病に対しては通常のうつ病より綿密な治療戦略が必要とされること、自殺その他の危険行為のリスクが高いことについて、異を唱える専門家は少ないだろう。

　ここで被告人には、「自分が何か悪いことをしてしまったから逮捕される」といった罪業妄想（これは微小妄想の一つであり、うつ病患者に比較的現れやすい妄想の類型である）に加えて「殺されるかもしれない」「家族に危害が加えられるかもしれない」といった被害妄想も出現していた。これらのことから、被告人の事件当時の心理状態は、単に落ち込んでいただけでないのはもとより、うつ病の急性期にあり、かつうつ病の経過としても非典型的な妄想を有していたことがうかがわれる。それはとりもなおさず、被告人の当時の心境が正常心理から著しく乖離していたことを意味している。

　被告人の病状と本件他害行為との関係性については、抑うつ症状に加えて被害妄想が強まり、「このままでは家族にも危害が加わってしまう」と確信し、「それなら自分が死ななければならない」との思いから自殺念慮を強め、本件事件に至ったとされている。被告人に放火を起こす実際的

な利得がない以上、本件犯行の動機は妄想の所産であると言わざるをえまい。

　加えて言うならば、「このままでは家族にも危害が加わってしまう」という被告人の妄想が仮に事実だったとしても、それが「自分が死ななければならない」理由にはならない。両者の結びつきも、うつ病の極期に見られる認知狭窄なしには了解しえないものであるように思われる。

刑事責任能力の評価

　本件事件の鑑定人は上記の考察を踏まえつつも、「弁識能力及び制御能力が完全に欠落していたとはやはり言い難い」と結論づけた。その理由として、「自身が放火したことを素直に認め、抵抗することもなく逮捕に応じて」いること、「犯行当時の記憶は十分に保持されていた」こと、「妻に包丁を向けた際にも妻の制止に応じる」ことができていた点を挙げているのである。

　筆者としては、これらの点には首肯しがたい。

　逮捕時点で被告人が興奮していなかったことは、事件当時に精神運動興奮状態になかったことの傍証にはなるものの、実際には長時間にわたって興奮状態の持続する患者の方がむしろ稀である。経験則になるが、犯行を遂げた後は一種のカタルシス状態になり粛々と逮捕に応ずる被疑者も少なくない（特にうつ病患者の場合、逮捕後は急速に病状が改善し一見寛解したように見える者さえいる。そこで治療不要と判断され釈放されると再び深刻な自殺企図に及ぶおそれがあるので、ゆめゆめ気をつけねばならない）。記憶の保持については判決文にも述べられているとおり、事件当時の能力障害の程度と直接は関係しない。犯行を逡巡した事実については他の裁判でもしばしば取り上げられているのを目にするが、私見としてはあまり能力判断の役に立っていないように思う。刑事責任能力の古い判断基準で「野獣テスト（Wild Beast Test）」というものがあるが、野獣だって泣いて命乞いすれば一瞬攻撃の手を緩めることもあるのではなかろうか。また、被告人は妻を刺そうとして止めた1時間ほど後に放火に及んでおり、

被告人の病状が数日前から劇的な悪化を遂げていたことを勘案すると、この1時間の間にも被告人の精神状態は揺れ動いていた可能性がある。逡巡した一瞬を取ってその病状を過小評価してしまったおそれはないか。

　もとより、加害者の弁識能力または制御能力が「完全に失われていた」ことの根拠を示すことは難しい。能力障害が100％であればそもそも有意な行動はできず、犯罪が成立しないだろう。また、どれほど重篤な病気であっても、長年培ってきたその人の本来の人格や行動パターンを100％塗り替えてしまうということは想像しがたい。

　能力評価において、異常部分と正常部分とを分けて、各々の所見を挙げて検証することは、精神鑑定において有用な技法である。しかし、その際には正常部分が過大評価される危険が常につきまとうことに留意せねばならない。

　とはいえ、鑑定人は被害者の精神症状が事件に支配的な影響を与えていたことを明示していた。それが心神喪失に値するか心神耗弱に留まるか、また被告人を処罰するべきかを決めるのは法曹の仕事である。

　素人ながら、筆者としては検察官の論告メモに示された「再犯を抑止できる程度の刑は必要」との記載には納得しかねる。他方、専門家としては、被告人の再犯を防ぐためにはうつ病の再発を防げるような濃厚な医療的手当が必要であると考える。

殺人被告事件
（診断：覚せい剤等の精神作用物質による残遺性精神障害のフラッシュバック現象、アルコールによる急性中毒）

札幌地判平30・6・19　LEX/DB25560573

50条鑑定が採用され心神喪失により無罪となった事例

報告論文

林順敬 はやし・のぶたか　札幌弁護士会

事案の概要

　本件は、Ａ（当時30歳の女性）が、同居していたＶ（当時50歳の男性）の自宅で、同人の前胸部右側等を包丁で数回突き刺し、心タンポナーデ[1]・出血性ショックにより死亡させた殺人既遂事件である。

　勾留請求後、札幌弁護士会所属の市毛智子弁護士が国選弁護人に選任され、複数選任申立てにより、私が追加選任された。

　Ａの言い分は概ね次のようなものであった。

　２年ほど前、姉が住むアパートの鍵を失くしたとき、偶然通りかかったＶが一緒に探してくれたのをきっかけに、実家を出てＶと同棲を開始した。両親にも紹介し、週に一度は実家で食事をするようになった。同棲して3カ月経った頃から、Ｖが暴力を振るうようになった。Ｖとの生活のストレスで発作が起き、精神科に運ばれたこともあった。それでもＶのことが好きだった。Ｖから結婚しようと言われて式場の下見を繰り返

1　心臓と心臓を覆う心外膜の間に液体等が大量に貯留することによって心臓の拍動が阻害された状態。

し、自分の誕生日（事件の２カ月後だった）に予約を入れた。事件前日、V
と２人で居酒屋に行った。日本酒を３杯飲んだあたりから記憶がない。
次の記憶は、自宅でVから殴られて痛かったこと（実際、Aの目のまわり
や額に内出血があった）。馬乗りになって首を絞められた。殺されるかも
しれないと思い、身を守るために包丁で刺したかもしれない。翌日起き
たら、Vがリビングの隅に倒れていたが、寝ていると思った。普段から
酔ってリビングで寝ていることはよくあったから。夜になっても起きな
いのでおかしいと思い、確認したら死んでいた。パニックになって警察
に通報した。

起訴前の弁護活動

1　Aの両親からの聴き取り

　Aの両親から次のような話を聞いた。

　Aは三姉妹の二女。中学でいじめに遭うまでは問題を起こすこともな
かった。高校３年生のときに年上の男性と交際して妊娠し、中絶すると
いう出来事があってから飲酒してたびたび問題行動を起こすようになっ
た。自宅の２階から飛び降りたり、妹の部屋に火をつけたりした。アル
コール依存の治療のために精神科に通院させた。その後はしばらく落ち
着いていた。

　Vについては、Aと交際を始めた当初は一緒に食事をするなどしてい
たが、Vからたびたび借金の申入れがあり、断ってからは顔を見せなく
なった。Vによる暴力についてもAから聞いていたが、別れることはなく、
Vとの結婚も考えているようだった。事件の数日前も、自宅にAを呼ん
で焼肉を食べたが、とくに変わった様子はなかった。

2　Aの精神状態に関する情報収集

　接見中、Aとの意思疎通に問題はなかったが、複数の精神科の入通院
歴があったことから、Aに同意書をもらい、入通院先から医療記録を取
り寄せた。取調べの対応については、Aは事件については前述した内容

以上の記憶がないとのことであったので、誘導に乗らないように注意を
し、記憶がないことは記憶がないとはっきり言うように指示した。

　また、犯行時の記憶がないと話していることから、起訴前鑑定を申し
入れたところ、検察官がこれに応じ、2カ月の鑑定留置が請求された。鑑
定入院中、鑑定医のS医師から検査結果や鑑定の見通しを聞いた。Aは
軽度知的障害に加え、犯行時は複雑酩酊の状態で脱抑制状態にあったと
思われるが、責任能力に関する意見としては、「せいぜい心神耗弱ではな
いか」とのことであった。Aの両親から、Aは飲酒すると人格が変わると
聞いていたことから、解離性人格障害の可能性がないか確認したが、否
定的な意見であった。なお、鑑定期間中に飲酒テストを実施したところ、
事件当日のペースで飲酒できなかったことから途中で中止したとのこと
であった。

3　起訴段階での弁護方針

　Aは、殺人罪で起訴された。この時点での弁護方針としては、「Vから
殴られたり、首を絞められたりして、このままでは殺されると思い、身
を守るために、とっさに包丁で反撃した」というAの言い分に沿った正当
防衛のストーリーを考えていた。

公判前整理手続

1　開示された証拠

　顔合せを兼ねた初回の三者打合せのあと、検察官請求証拠の開示に先
行して、起訴前鑑定の鑑定書、死体解剖の鑑定書、Aの供述調書などが
任意開示された。

　起訴前鑑定の鑑定主文は、①軽度知的障害（IQ53）、②飲酒による複雑
酩酊であり、責任能力に関する参考意見として、飲酒の影響により判断
に従って行動する能力は著しく制限されていた、と記載されていた。

　また、司法解剖の鑑定書には、Vの刺創から少なくとも4回刺されて
いること、前胸部右側の刺創が致命傷になっていることなど、Vの死亡

原因に関する記述以外に、Ｖの手の甲に内出血がないことの記述があった▼2。このほか、Ｖの口腔内に３センチ大の豆腐が詰められていたという記述があった。

　Ａの供述調書の内容は、弁護人に話したものとほぼ同じであった。

　検察官の証明予定事実記載書では、犯行前後のＡの行動や犯行状況について記載されていたが、犯行に至った経緯や犯行動機については記載がなかった。弁護人の求釈明により、心神耗弱は争わないことや自首が成立することを確認したが、経緯や動機については、現時点でこれ以上は立証が困難であるとのことであった。

2　50条鑑定の請求

　弁護人は、取り寄せた医療記録などから解離性障害を疑っていたこと、起訴前鑑定での飲酒テストが不十分だったことを理由に、裁判員法50条に基づいて再鑑定を請求した。裁判所からは、資料が不足しているなど起訴前鑑定の前提条件の問題点を指摘するように求められた。

　そこで、検察官から開示された証拠を検討したところ、死体解剖を担当した医師の供述調書に、Ｖは「ほぼ無抵抗の状態で、不意打ちを食らうような形で攻撃を受けたと考えられる」との記載があった。Ｖは４回ほど刺されているが、Ｖが意識のある状態であれば、通常逃げたり、体を動かしたりするはずである。そうすると、包丁が体に刺さった後、体から抜けるときに創が分岐するはずだが、Ｖの皮膚面の創口も臓器の刺創も分岐がない、というのである。「ほぼ無抵抗の状態」というのは、「寝ていた」ということ以外考えられない。そうだとすると、Ａは、寝ているＶを包丁で数回刺したことになる。これではＡの主張と異なるし、正当防衛のストーリーが成り立たなくなる。

　作成日を確認すると、死体解剖の鑑定書は起訴前鑑定の鑑定終了日になっており、解剖の結果を説明した同医師の供述調書は起訴前鑑定の終

2　Ｖから暴行されたというＡの供述を受けて検察官が検査を依頼したものと思われる。ほかに、逮捕直後のＡには首を絞められた跡がないというＡの生体鑑定の報告書もあった。

了後の日付になっていた。そこで、弁護人は、起訴前鑑定の基礎資料には死体解剖の鑑定書や解剖医の供述調書が含まれておらず、これらの証拠も加味すれば、犯行時の精神状態や犯行への影響についての鑑定人の判断が異なる可能性が高いとの補充意見書を提出した。裁判所は弁護人の鑑定請求を採用し、起訴前鑑定とは別のT医師を鑑定人に指定した。

鑑定期間中、T医師と面会し、鑑定経過を確認した。すると、「Aは、犯行当時、覚せい剤精神病と飲酒による病的酩酊の状態にあった可能性がある」との説明を受けた。Aは、20代前半頃に覚せい剤などの精神作用物質を使用しており、その後の異常行動（両親が話していたもの）についても覚せい剤精神病の影響と考えられるとのことだった。

T医師の鑑定主文は、Aは、本件犯行当時、①強い精神症状を伴う急性アルコール中毒、②覚せい剤等の精神作用物質による残遺性精神障害のフラッシュバック現象により、幻覚妄想を伴う意識障害の状態にあった可能性がある、というものであった。

3 検察側の反応

検察官は、最高裁平成20年4月25日判決を引用したうえで、A供述のみでAが過去に覚せい剤を使用した事実を認定したことを理由に、T医師の鑑定結果はこれを採用しえない合理的な事情があるとして、さらなる再鑑定を請求したが、裁判所は却下した（異議も棄却）。

すると、「Aが過去に覚せい剤を使用した事実がないこと」を立証趣旨として、Aの母親とAの元交際相手の証人尋問を追加請求し、採用された。そして、検察官は、S医師の起訴前鑑定を前提としたうえで、動機が了解可能であること、違法性の認識があること、平素の飲酒時と人格の異質性がないことなどから心神喪失には至っていないという追加の証明予定事実記載書を提出した。

さらに、最後の公判前整理手続期日に、S医師の証人尋問を請求したが、却下された（異議も棄却）。

4　弁護方針の転換

　弁護人は、正当防衛のストーリーを維持するか、T医師の鑑定結果に乗って心神喪失を主張するか悩んでいた。

　Aの覚せい剤使用歴についてAの両親に確認したが、「一緒に生活していたのだから、使っていたら気づくはず」と否定した。しかし、T医師は、「誘導しないように気をつけて質問したほか、角度を変えて質問したがAの供述はぶれなかった。嘘だとするとかなりの専門的知識が必要だが、Aにそのような知識があるとは思えない」と自信を持っていた。

　弁護人からもAに過去の覚せい剤の使用について確認したところ、T医師から聞いた内容と同じことを話した。また、類似の判例を調査したところ、覚せい剤精神病の影響によって心神喪失が認められた事例があっ
た。[3] そこで、精神障害の内容とそれが犯行に及ぼした機序についてT医師の鑑定結果を前提としたうえで、心神喪失を主張する追加の予定主張記載書を提出した。

公判審理

1　検察官請求証拠の取調べ

　冒頭陳述で双方の主張を明らかにした後、検察官請求書証の取調べが行われた。

　犯行前のAとVの行動に関する書証では、居酒屋で飲酒した後、カラオケ店で飲酒したことや、飲酒量が記載されていた。また、カラオケ店でAが泥酔し、Vに担がれて退店する様子が映った店内カメラの映像が法廷で流された。

　近隣住民の供述調書には、Aが事件当日の早朝4時過ぎに車のクラクションを鳴らすのを見たとの記載があった。

　事件当日の深夜から警察に通報するまでのAの行動をまとめた書証では、Aが母親や知人とやりとりしたライントークの内容や通話記録など

3　福岡地判平26・10・20。このほか、京都地判平24・12・7も参考になった。

が明らかにされた。

　Aが過去に通院していた精神科病院のカルテには、覚せい剤の使用や幻覚妄想に関する記載がなかったことが明らかにされた。

2　Aの母親の尋問

　Aの母親の尋問は、検察官から行った。Aが覚せい剤を使用していたと述べる頃のAの生活状況を聞き、Aに覚せい剤を使用していたような様子はなかったことを証言させた。

　弁護人は、母親が気づかなかったからと言って、覚せい剤の使用の事実が否定されるわけではないと判断し、あえて弾劾する尋問はせず、Aの生い立ちやVとの関係、事件前のAの様子などを確認した。

3　被告人質問

　弁護人は、Vと知り合ってから事件当日までのことを聞いた。事件当日のことについては、Aの記憶（正当防衛的状況であったこと）に従ってそのまま語らせた。また、AにはVを殺害するような動機がなかったことを明らかにするために、Vから暴力を受けても別れなかった理由や、事件の数カ月前に結婚式場の下見をしていたことなどを話してもらった。

　さらに、覚せい剤の使用については、検察官の反対質問を想定して、使用した時期や経緯、場所、回数、使用方法、使用後の症状などについて具体的に聞いた。検察官の反対質問の大部分は、覚せい剤の使用に関するものであったが、ほぼ想定内であった。

4　解剖医の尋問

　検察官は、Vの損傷状況や死亡原因などを聞いた。

　弁護人は、Aが攻撃した時点でVは寝ていたということを立証するために、Vがほぼ無抵抗の状態で攻撃されたと判断した理由を確認した。また、Vから殴られたり首を絞められたりしたとのAの供述は被害妄想であることを立証するために、Vの手の甲に内出血がなかったことや、逮捕直後のAの首に絞められたような跡がなかったことを確認した。A

の目のまわりや額の内出血については、縁のある平滑な鈍体にぶつかっ
てできたものと考えられると証言した。

5 T医師の尋問

　最後にT医師の尋問が行われた。冒頭の20分で、T医師がプレゼンを
行った。

　弁護人は、T医師の鑑定結果を前提としていたことから、いわゆる8
ステップ[4]のうち、第4ステップまでの弁護人に有利な事実を聞き出した。
また、検察官の反対尋問の対策としては、検察官が提出した鑑定請求書（前
記「公判前整理手続」3参照）の記載が参考になった。弁護人は、あらかじ
めT医師の経歴や覚せい剤精神病の診断に至った経緯について詳しく聞
いた。

　検察官の反対尋問は、T医師がA供述のみから覚せい剤の使用を認定
したことについて、ICD–10の精神作用物質に関する診断ガイドライン
を用いて弾劾しようとしたが、T医師は、弁護人が公判前に確認したと
きと同じ回答をした（前記「公判前整理手続」4参照）。

6 検察側の論告

　検察官の論告では、Aの犯行前の生活状況、事件当日の飲酒の状況、犯
行状況、犯行後の行動等から、犯行当時、Aは心神耗弱状態だったとし
たうえで、A供述のみで覚せい剤の使用を認定したことなどを理由に、
T医師の見解は前提条件に問題があり、採用できないとした。

　そして、無抵抗の相手を殺害したこと、結果が重大であり遺族に慰謝
の措置がされていないこと、心神耗弱状態を招いた原因は自己の飲酒に
あることを理由に、懲役6年を求刑した。

7 弁護側の最終弁論

　弁護人の最終弁論は、まず、最初に客観的な証拠から明らかになった

4　精神科医と法律家の役割分担を整理した岡田幸之医師の「8ステップモデル」。

犯行前後のAの行動を時系列で次のように整理した。

12日	20：20頃〜	Vと居酒屋で飲食
	21：32頃〜	Vとカラオケ店で飲食
	23：52頃〜	泥酔し、Vに担がれてカラオケ店を退店
13日	0：00過ぎ	Vと自宅に帰宅
	2：28〜	知人にライン電話を繰り返す
	4：40頃	自動車のクラクションを鳴らす
	5：00頃まで	知人にライン電話を繰り返す

　そのうえで、犯行時間は、13日の0時過ぎに自宅に帰宅してから同日2時28分までの間であり、Vが寝た後、Vを包丁で刺し、Vの口に豆腐を詰めたと述べた。これにより、犯行時のAの精神状態を印象づけようと考えた。

　次に、覚せい剤精神病の判断過程に問題はなかったとして、精神障害の内容に関するT医師の鑑定結果を尊重すべきとした。また、Aが殴られたり首を絞められたりした証拠がないことやAの攻撃時にVが寝ていたと評価できることから、本件犯行当時に幻覚妄想を伴う意識障害があったというT医師の鑑定結果も尊重すべきと説明した。なお、Aの目のまわりや額の内出血については、Aがカラオケ店で泥酔し、Vに担がれて自宅に戻るまでの間に、どこかに顔面をぶつけた可能性があると述べた。

　そのうえで、AにはVを殺害する動機がなかったこと、違法性を認識していなかったこと（正当防衛行為と認識していた）、平素の人格との異質性が認められること（これまで他人を攻撃するような行動はなかった）などから、Aは犯行当時、精神障害の影響によって、判断能力および制御能力を失っていた疑いがあると結論づけた。

　さらには、飲酒や覚せい剤の使用が原因で心神喪失無罪となることについて、裁判員の方が違和感を覚えることを想定し、Aが覚せい剤を使用した経緯（交際していた男性から無理矢理勧められた）や事件前に飲酒した経緯（居酒屋でAは水を飲んでいたが、Vから「そういうのは嫌いだ」と怒鳴ら

れてVに付き合った）には責められない事情もあることを説明した。そして、仮に心神喪失無罪となっても、医療観察法により治療が強制される場合があることを付け加えた。

判決

　「被告人は無罪」。

　緊張する間もなく、裁判長が読み上げた。最終弁論を終えたときに手応えを感じてはいたが、そう簡単に無罪を勝ち取れるはずがないという思いもあった。

　判決理由は、T医師の鑑定結果に関し、収集可能な資料を広く検討し、診断過程の検討も不足があるとはいえないとして、これを採用しえない合理的な事情はないとした。そして、T医師の鑑定結果をもとに、Aの犯行当時の責任能力の有無を検討すべきとし、「Aは、横たわって無抵抗のVを包丁で突き刺し、その前後のいずれかの時間に2度にわたりV方を出てクラクションを各2回鳴らしたほか、Vの死亡後にVの口に豆腐を入れるというVが死亡したことを認識していないともみられる行動に出ていることからすると、さしたる動機もなく本件行為に及び、その当時、意識障害に陥るなどして、前後の行動に意味連関の消失（支離滅裂な行動）がみられ、周囲の状況や自己の言動についての認識すら欠けていた可能性がある。そして、そのような状況で現実には包丁を突き刺しているのは、幻覚や妄想の影響による可能性も考えられる。Aがこのような状態にあったとすれば、本件行為の内容すら認識しないまま本件行為に及ぶ意図を生じ、又はそのために本件行為を思いとどまる契機を欠いていたといえる」として、「責任能力があったと認定するには合理的疑いが残る」と判断した。

裁判を振り返って

　50条鑑定が採用されたことが、無罪獲得の重要なポイントになったこ

とは間違いない。日弁連の責任能力研修などを受講し、8ステップモデルを (多少は) 理解していたことが鑑定請求やケースセオリーの構築に役立った。

　もっとも、「精神障害が本件犯行に及ぼした機序」については、鑑定書からは明らかでなく、弁護人も具体的なイメージができていなかったことから、T医師の尋問でうまく聞き出すことができなかった。実際に、裁判所から提供されたローデータによると、「T医師の尋問が難しかった」という裁判員の意見が散見された。裁判員裁判で責任能力を争うことの難しさをあらためて感じた。

弁護士のコメント

伊藤荘二郎 <small>いとう・そうじろう</small>　東京弁護士会

覚せい剤精神病者の責任能力

　覚せい剤精神病は、覚せい剤の慢性的習慣的使用により惹起される幻覚妄想状態を主とする精神病をいい、早期消退型、遷延・持続型、残遺症候群などがあるとされる。[5] 覚せい剤精神病と統合失調症は症状が似ているため、精神病症状を認める被鑑定人に覚せい剤の使用歴もしくは依存歴がある場合、その症状が覚せい剤誘発性のものなのか、統合失調症などの内因性精神病を基盤にしたものなのかの鑑別が問題となる。[6]

　司法研究によると、覚せい剤乱用による精神障害の責任能力への影響について、裁判例は、「統合失調症と同様に、幻覚・妄想の影響の程度を重視している」が、「統合失調症と異なり、覚せい剤乱用の場合は、一般に、

5　和田清「覚せい剤精神病」加藤敏ほか編『現代精神医学事典』(弘文堂、2011年) 149頁。
6　今井淳司「薬物関連障害」『刑事精神鑑定ハンドブック』(中山書店、2019年) 186頁以下参照。なお、ICD-10 (またはDSM-5) によると、覚せい剤の最終使用から6カ月 (または1カ月) 以上精神病症状が持続する場合、統合失調症と診断される (同189頁参照)。

人格の変化が見られないか、見られるとしても軽微なものであり」「幻覚・妄想により危機的状況におかれたと誤信した被告人の行動は、むしろ病前からの人格が決定的な役割を演じていると見られることがほとんどである」ため、「より合法的な手段・方法によって危機を回避・克服することが期待される」として、「幻覚・妄想があっても、それが中毒者の生活状況から了解可能なものであり、病的体験が全人格を支配することがなく、精神病的な体験よりも生来の異常性格に起因して犯罪が行われた場合（不安状況反応型）、心神耗弱にとどまる傾向にある」[7]とされる。

　実際、近年の裁判員裁判で、覚せい剤乱用による精神障害で責任能力が争われた事案のほとんどは、完全責任能力ないし心神耗弱とされている[8]。

　しかし、心神喪失が認められた事例も存在する。たとえば、横浜地判平13・9・20[9]、福岡地判平26・10・20[10]、札幌地判平30・6・19（本件）、東京高判平31・4・24[11]は、覚せい剤精神病ないし薬物関連障害の事案で心神喪失を認めている。これらの事案では、幻覚・妄想の強い影響があることは共通しているが、それに加えて、幻覚・妄想が犯行を指示・命令している、了解可能な動機がない、人格異質性が顕著であるなどの特徴が認められる。これらの特徴は、統合失調症の幻覚・妄想の影響で心神喪失とされた事案の特徴と、本質的な違いはないといえる。

弁護活動のポイント

　弁護人は捜査段階から公判前整理手続・公判審理を通じて、責任能力

7　司法研修所『難解な法律概念と裁判員裁判』（法曹会、2009年）276頁。

8　田岡直博「裁判員裁判における責任能力判断の変化──判決一覧表の分析」季刊刑事弁護93号（2018年）55頁参照。

9　判タ1088号265頁、前掲注7書276頁。

10　村山崇「いわゆる『7つの着眼点』に基づいて争点整理がされ公判が行われた事例」日本弁護士連合会・日弁連刑事弁護センター、日本司法精神医学会・精神鑑定と裁判員制度に関する委員会『ケース研究　責任能力が問題となった裁判員裁判』（現代人文社、2019年）192頁。

11　法テラス本部裁判員裁判弁護技術研究室「裁判員裁判事例研究シリーズ──スタッフ弁護士の実践から⑵控訴審で心神喪失により無罪とされた事例」季刊刑事弁護99号（2019年）105頁。

弁護の模範例ともいうべき緻密な弁護活動を展開している。詳細は報告論文を熟読していただきたいが、本稿では、弁護活動のポイントとして、平成20年判決の活用とケースセオリーの立て方を検討する。

1　平成20年判決の活用

　最判平20・4・25は、「専門家たる精神医学者の意見が鑑定等として証拠となっている場合には、鑑定人の公正さや能力に疑いが生じたり、鑑定の前提条件に問題があったりするなど、これを採用し得ない合理的な事情が認められるのでない限り、その意見を十分に尊重して認定すべきものというべきである」として、「鑑定人の公正さや能力」および「鑑定の前提条件」が、鑑定意見を尊重すべきかどうかの判断要素になることを明らかにしている。

　このうち、問題になりやすいのが「鑑定の前提条件」である。すなわち、①検察官の依拠する鑑定を弾劾する場合には、鑑定の前提条件に問題があることを指摘する場合が多く、②弁護側が依拠する鑑定を生かす場合には、鑑定の前提条件に問題がないことを論証する必要がある。

　弁護人は、以下のとおり、①②ともに成功している。

①　前提条件の問題の指摘

　弁護人は、起訴前鑑定では不十分だとして50条鑑定を請求するにあたり、起訴前鑑定が死体解剖の鑑定書や解剖医の供述調書を基礎資料としていないことに着目し、「これらの証拠も加味すれば、犯行時の精神状態や犯行への影響についての鑑定人の判断が異なる可能性が高い」と主張して、鑑定請求を採用させることに成功した。

　弁護人が上記主張をしたのは、開示証拠を検討する中で、Aの供述と解剖結果が整合しないことや、死体解剖の鑑定書および解剖医の供述調書が起訴前鑑定の終了以後に作成されたことに気づいたからである。開示証拠の丹念な検討が、50条鑑定の採用につながったといえよう。

　一般的に、起訴前鑑定は捜査と同時並行で行われるため、精神鑑定時に捜査資料が不足している可能性があり、起訴後鑑定と比べると前提条

件の問題が生じやすいといえる。したがって、再鑑定を請求するために
は、広く証拠開示を求め、開示証拠を丹念に検討して、前提条件に問題が
ないか精査することが重要である。

② 前提条件に問題がないことの論証

　起訴後鑑定は、Ａが過去に覚せい剤を使用していた事実を根拠に覚せ
い剤精神病と診断しているが、覚せい剤使用を裏づける証拠がＡ供述以
外にないという問題点がある。そのため、検察官は、Ａからの聞取りの
みに依拠して覚せい剤の使用を認定している点で鑑定の前提条件に問題
があると主張した。

　これに対し、弁護人は、❶被告人質問で、覚せい剤の使用に関する具
体的事実を詳細に供述させ、❷Ｔ医師の尋問で、「Ａが話した幻覚妄想の
内容は覚せい剤精神病の典型的症状に合致すること」「嘘をつくには専門
的知識が必要なこと」など覚せい剤精神病の診断に至った経緯を詳しく聞
きとり、❸最終弁論で、平成20年判決を引用して、鑑定の前提条件に問
題がないのでＴ医師の意見を尊重すべきと主張した。判決では、弁論の
主張どおり認定されており、弁護人の狙いは的中している。

2　ケースセオリーの立て方

　弁護人は、当初はＡの言い分に沿って正当防衛のストーリーを考えて
いたが、50条鑑定の結果を受けて心神喪失の主張を追加している。

　正当防衛のストーリーの場合、「Ｖがほぼ無抵抗の状態（≒寝ていた）で
攻撃を受けた」との解剖結果と整合しないという問題がある。他方、心神
喪失の主張の場合、その基礎となる覚せい剤の使用を裏づけるのはＡ供
述のみであり、通院先のカルテに覚せい剤使用の事実の記載がなく、同
居していた家族も覚せい剤使用の事実を知らなかったという問題がある。
証拠上は、どちらの主張にも難があるといえよう。

　弁護人は、最終的に心神喪失の主張に決めたのだが、これが成功した
のは、２つの点でケースセオリーの立て方が適切だったからだと考えら
れる。

① 弱点のフォロー

第1に、弱点のフォローである。心神喪失の主張の場合、覚せい剤の使用についてカルテに記載がなく、同居家族も知らなかったという問題は残るが、それは必ずしも使用の事実を否定するものではない。Ｔ医師の面接に基づく判断が信用できるならば、これらの弱点はフォローできるといえる。

これに対し、正当防衛の主張の場合、解剖結果と整合しないという点をフォローすることは、極めて困難である。

② 客観的事実の説明

第2に、客観的事実の説明である。本件では、Ａが犯行後に自動車のクラクションを鳴らした、Ｖの口に豆腐が詰められていたという、不可解な事実が存在する。これらの事実は、正当防衛のストーリーとは結びつかず、未解明のまま浮いてしまう。

他方で、心神喪失のストーリーであれば、「意識障害に陥り、行動の意味連関が消失するとともに見当識が低下していた」ゆえの不可解な行動であるとして、合理的に説明することができる。

検察官は上記事実について、「自分がしたことの重大さから後悔・混乱し、その場から逃げ出したかった、Ｖの死を受け入れたくなかったといった考えからの行動である」などと説明を試みたようであるが、正常心理で説明するのは困難であろう。弁護人のケースセオリーは、不可解な事実を精神鑑定に基づいて合理的に説明しているので、裁判体に受け入れられたと思われる。

精神科医のコメント

大澤達哉 おおさわ・たつや　東京都立松沢病院精神科部長

本件概要

　本件は、被告人（女性）が交際していた被害者男性と外出先で飲酒した後に、被害者宅で同人を包丁で殺害したとされるものである。2回の精神鑑定が行われ、起訴前本鑑定では、被告人（被疑者）は「軽度知的障害」と「複雑酩酊」と診断され、弁識能力は保たれていたが、飲酒の影響で制御能力は著しく低下していたと判断された。一方、起訴後に行われた50条鑑定では、起訴前本鑑定では触れられることのなかった過去の頻回な違法薬物の使用歴（覚せい剤、MDMA、大麻）や違法薬物を使用していた時期の幻覚妄想の存在、飲酒時の「昔付き合っていた男が暴力をふるう幻視と、しばしば記憶を欠損する体験」などが被告人より聴取され、「アルコールによる急性中毒、精神病性障害、健忘症候群（病的酩酊）」「覚せい剤等の精神作用物質使用による残遺性精神障害におけるフラッシュバック現象」の可能性が高いと診断された。そして、それらのために判断能力は低下し、犯行へ影響した可能性が高いと判断された。これは公判廷においてスライド20枚でプレゼンテーションされた。

　本稿では、主に本件50条鑑定の司法精神医学的問題点に触れる。

本件鑑定の特徴

　本件犯行は密室で行われ、被害者は死亡し、犯行時の目撃者や防犯カメラ映像などはなかったため、鑑定は難しいものだったと考えられる。このような犯行当時の状況が不明な鑑定では、一般に、限られた情報から考えうるすべての可能性について検討し、それぞれの可能性の程度に応じて結論を導く必要がある。

　判決では、犯行前後の事実として、次の事柄が認定されている。被告

人は犯行前カラオケ店で歩行困難なほど酩酊していたこと、被告人が被害者宅を出て自動車のクラクションを鳴らして被害者宅に戻る行為を2回繰り返したこと、被告人は被害者の死後、被害者の口に3㎝四方の豆腐を入れたこと、知人に電話をかけようとしたことを繰り返したこと、母に「お母さん人殺しどうよ？」とメッセージを送信したこと、自ら警察署に電話をかけ被害者を殺したと話したことなどである。一方、動機については「証拠によっても、これをうかがわせるものが見当たらない」とされている。

　裁判所の事実認定のうち、精神医学的に着目すべきなのは、飲酒後であること、一見して奇異な言動が認められること、そして、被告人は当初は犯行を告白していたが、鑑定期間中には「よく覚えていない」と話し、鑑定人も「大部分の記憶が欠落している」と評価するなど、供述の変遷を認めることである。

　本件鑑定では、生活歴・現病歴・現在症などからある程度の診立てを立てて鑑別診断が行われ、犯行当時は急性アルコール中毒と、違法薬物によるフラッシュバック現象に診断が絞られている。起訴前本鑑定で指摘された軽度知的障害は薬物使用の影響による後天的なものとされた。

本件鑑定の問題点

　鑑定人はその考察部分において、「飲酒による酩酊だけでもこの異常の説明がつく」とか、被告人と被害者の関係性には動機としては排除できない事柄（被告人は以前より被害者に暴力を振るわれていたこと、被告人が暴行を受けたようなケガのあとが認められていることなど）が存在していたこともあり「正常な判断により被告人自身や家族の安全のために被害者の殺害を決意した可能性は否定できない」など、いくつかの可能性について触れている。しかし、鑑定主文においては「強い精神症状を伴う急性アルコール中毒および飲酒や心理ストレスにより誘発された覚せい剤等の精神作用物質の使用による精神障害のフラッシュバック現象により、幻覚妄想を伴う意識障害の状態にあった可能性がある。犯行前後の情報が乏しい

ためこれら精神障害の程度がどの程度のものであったのか正確な判定はできないが、犯行時にこれらの精神障害が存在したと考えて矛盾はない。これらの障害があった場合、幻視や幻聴などの幻覚、〈中略〉、記憶障害が生じうる」と覚せい剤によるフラッシュバック現象に重きを置いて結論している。

このように結論づける場合には、当然、他の考えうる診断・動機よりもフラッシュバック現象の可能性が高いと考えた根拠が必要であるが、主文に至るまでの過程に十分な説明は見られず、「これまでの捜査および鑑定において得られた情報から判断する限り、犯行時に正常な判断能力が障害されていた可能性が高い」と記載されているのみで、飛躍があると言わざるをえない。しかも、この主文の記載は裁判員に対するプレゼンテーションとしては誘導的な印象を受ける。鑑定人はそれぞれの診断・動機の可能性に差をつけた根拠を十分に説明すべきだったと思われる。

また、本件鑑定での鑑別診断は主に生物学的精神障害についてなされており、違法薬物の使用歴がある場合に必須な人格やその供述の信頼性についての評価が十分にされていなかったようである。これらを適切に評価しなくては、フラッシュバック現象の前提が崩れることにもなる。鑑定人は尋問において、被告人が虚偽を装った場合に生じうる食い違いがなかったことや専門知識がないことなどから被告人の詐病や虚言を否定しているが、専門知識がなくとも過去に幻覚妄想を体験したことがあればそれに基づく供述が可能なことも考慮しなくてはならない。また、被告人が過去の覚せい剤使用を身近な人に気付かれていない理由を問われ、「被告人はうまく取り繕うことができる人である」とも答えており、もしそうであるなら鑑定時も取り繕うことができたかもしれず、虚言が不可能とは言い切れないことになる。そして、犯行当時の状況に関して被告人は「覚えていない」と途中から供述が変化したが、本当に覚えていないこともあれば、「覚えていない」ということは最も効果的に虚言を維持できる方法でもあり、器質性なのか解離性なのか、それとも意図的に隠しているのかなどを慎重に評価する必要があったと考えられる。

いずれにせよ、本件犯行当時の状況は不明であり、その頃に明らかに

奇異な行動も認められることから、生物学的な精神障害の可能性を除外できないという点では、すべての可能性を検討しても、結論は変わらなかったかもしれない。しかし、鑑定人の「正常な判断により犯行を決意した可能性は除外できない」という考察は、裁判所の結論に影響を与えたかもしれず、鑑定人はフラッシュバック現象に偏らない説明をすべきだったと考えられる。

飲酒試験とビンダーの分類について

　50条鑑定では行われなかったが、起訴前本鑑定では飲酒試験が行われていた。飲酒試験は過去、酩酊犯罪に関わる精神鑑定において広く行われていた。本件公判でも鑑定人は法曹から飲酒試験を行わなかった理由を問われている。鑑定人の回答にもあるように、飲酒試験は再現性に乏しくほとんど意味のないこと、医療行為ではなく侵襲的でもあり人権上の問題もあることから、現在は実施しないのが一般的である。

　また、単純酩酊・複雑酩酊・病的酩酊に区別するビンダーの分類も、過去には酩酊犯罪の精神鑑定において広く用いられていたが、診断によりそれぞれが完全責任能力・限定責任能力・責任無能力に対応する慣例的な取扱いがされていたこともあり、現代ではほとんど用いられていない。最近はアルコールという物質使用による急性中毒、すなわち意識障害の程度を個別具体的に評価することが望ましいと考えられる。

おわりに

　密室での犯行で客観的な情報が少なく、鑑定は技術的に難しいものだったといえる。しかし、鑑定人による説明は裁判員などの判断に大きな影響を与えうるから、きれいなストーリーにならなくても、考えうる可能性を専門家の立場から誠実に説明したほうが議論は深まり、裁判員の理解と判断に寄与できたと考えられる。

殺人未遂等被告事件
（診断：解離性同一性障害）
東京地立川支判平25・12・13　LEX/DB25568622

解離性同一性障害による限定責任能力の主張が排斥された事例

報告論文

贄田健二郎 にえだ・けんじろう　東京弁護士会

事案の概要

　本件は、元夫とのトラブルに起因する、殺人未遂および銃砲刀剣類所持等取締法違反被告事件である。

　殺人未遂の公訴事実は、2013（平成25）年1月某日午後8時頃、元夫であるV宅前において、殺意をもって、左腋窩部を果物ナイフで1回突き刺したが、Vがその場から逃走したため、加療約1週間を要する上腕・胸部刺創、外傷性気胸の傷を負わせたにとどまり、死亡させるに至らなかった、というものである。上記日時場所で果物ナイフを携帯したことが、銃刀法違反の公訴事実である。本件では起訴前鑑定が実施されており、解離性同一性障害に罹患していると診断された。

事件に至る経緯

　本件の被告人とVとの関係、および事件に至る経緯は、概要は次のとおりである。

　被告人とVには長男がいる。2004（平成16）年頃から現場マンションに居住していたが、被告人とWとの不倫等がきっかけとなり、Vとは離婚

することとなった。離婚して1年ほどしてVが再婚したことから、被告人は婚姻中の不倫を疑い、Vをねたましく思うようになった。Vに電話したり、職場にFAXを送るなど嫌がらせを繰り返すようになった。その後、Wが交通事故で長期入院する出来事があったり、長男の子育てで悩んだりするようにもなった。2013年1月ころには、被告人は自らの人生が惨めだと悲観するようになり、Vへのねたみ、不満を募らせ、Vの目の前で自殺してやりたいと考えるようになった。

そして本件事件が起きた。Vに傷害を負わせた被告人は、逃げるVを駐在所まで追いかけ、ほどなく逮捕された。

接見時の様子等

1　受任の経緯
本件は、被疑者段階は「傷害」被疑事件として捜査されていた。そのため、1名の国選弁護人が選任されていた。その後、「殺人未遂」の公訴事実で起訴されたため、裁判員裁判対象事件となったことから、筆者が2人目の国選弁護人として選任された。

2　接見時の様子
1人目の国選弁護人からも、解離性同一性障害と診断されているという引継ぎを受けていた。その弁護人の接見時に交代人格「C」が出現したこともあった。本件事件時にも、実行行為に及ぶ直前に交代人格が出現しており、主人格「A」は実行行為とその後逃走するVを追いかける場面の記憶が抜け落ちていた。接見時に何度か確認したが、やはり抜け落ちたままであった。

筆者の接見時に1度、交代人格「B」が出現したことがあった。信頼を置く人物が「話を聞きたいので出てきてほしい」と語り掛けると、交代人格が出てくることがある、と鑑定人から聞いていたことを実践した。「出てきてほしい」と語り掛けると、次第にうとうとと眠るような仕草をはじめ、がくっと前に俯いた後、起き上がったとき交代人格「B」が出現し

ていた。主人格「A」とは、表情、口調、態度などが明らかに異なっていた。被告人が解離性同一性障害に罹患していることを実感した。

3　取調べ時の様子

起訴前鑑定終了後、公訴提起までの間に、被告人は何度か検察官による取調べを受けており、その様子が録画されていた。その中でも、交代人格「B」が出現する場面があった。交代人格「B」が検察官に対して行為時の心境などを語る場面もあった。主人格に記憶のない場面でも、交代人格は記憶しているという、解離性同一性障害の特徴が現れていた。

本件の争点

1　殺意の有無

本件は、被疑者段階は「傷害」被疑事件として捜査されていたところ、公訴提起の際には「殺人未遂」で起訴された。刺突箇所は左の脇の下であり、刺さった深さもそれほど深くはなかった。胸を狙って刺したことをうかがわせる証拠もない。被告人には殺意はなかったと考えられ、弁護人は殺意を争った。殺意の有無が1つ目の争点となった。

2　責任能力

起訴前鑑定において、被告人は解離性同一性障害に罹患していると診断された。本件にも同障害の影響があったと考えられた。弁護人は限定責任能力の主張をし、検察官は完全責任能力の主張をした。責任能力の程度が2つ目の争点となった。

本稿では、2つ目の争点に絞って報告する。

鑑定の経過および鑑定内容

1　被告人の病歴

証拠等から判明する被告人の病歴は以下のとおりである。

被告人は、2007（平成19）年ころからメンタルクリニックに通っている。主訴は「不安、不眠」ということであった。被告人は解離性同一性障害に罹患しており、主人格「A」の他に、「B」と「C」という交代人格が存在していた。2007年の当該クリニックの診察中に「C」が登場したことがあるが、解離性同一性障害との診断までは出ていなかった。

VやWの供述によると、VやWの前でも、「C」が登場することがあった。

被告人は、2013年1月に別のクリニックを受診している。当該クリニックでは「不安障害、不眠症」と診断された。

事件以前も解離性同一性障害の病態は現れていたが、本件事件まで、被告人が解離性同一性障害と診断されたことはなかった。

2　起訴前鑑定の内容

本件では、起訴前に嘱託鑑定が実施された。鑑定期間は3カ月程度であった。鑑定内容の概要は以下のとおりである。

(1)　診断

診断名は解離性同一性障害であった。被告人には、主人格「A」の他に、他と明確に区別されうる交代人格が少なくとも2つ認められ、家族の供述や医療機関の診療録によると、交代人格は、2007年以降、断続的かつ反復的に被告人の行動を制御しているとの診断がされた。被告人は、交代人格出現時の記憶がほとんど欠落しているとのことだった。本件事件時も、交代人格が出現し被告人を制御しており、被告人自身はその記憶がなかった。

鑑定人によると、主人格と交代人格の特徴は次のとおりである。

　　　○主人格「A」　　　依存的で自殺願望が強い
　　　○交代人格「B」　　　上品だがキレると怖い
　　　○交代人格「C」　　　主人格を守る、暴力的な言動

(2)　障害と本件事件との関係

被告人は、以前から元夫Vに対して「怒りや妬ましい感情」を抱いてい

た。交代人格出現時ではあるが、Ｖやその会社などに迷惑電話をかける
などの行為をしていた。

　本件でＶ宅に行った目的は、「元夫の住んでいる家に私の血をしみつけ
て、元夫の目の前で自殺する」ことであったという。ところが、本件現場
で、Ｖの発言を聞いて、妬ましい気持ちや無視された時の恐怖感などが
一気に噴き出し、「頭が真っ白になった」という。その時点を起点に、主
人格「Ａ」から交代人格「Ｂ」に入れ替わり、交代人格「Ｂ」が本件犯行に及
んだ。そのため、主人格には本件犯行の記憶はない。

　しかし、交代人格は、主人格の「怒りや妬ましい感情」を受け継いで本
件犯行に至っており、了解不能な妄想などは介在せず、状況反応的で、
動機は了解可能である。「元々怒りや妬ましい感情があり、元夫の発言で、
激情にかられ本件犯行に至る」という極めて了解可能な流れがある。もし
交代人格への入れ替わりがなければ本件犯行に至らなかった可能性も完
全には否定できないが、被告人に属する各人格を全体としてみると、本
件犯行に異質性は認められず、むしろ親和的ともいえる。よって、解離
性同一性障害は、本件犯行のひとつの契機となった可能性は否定できな
いものの、直接的因果関係については認めない。

　以上が障害と本件事件との関係についての鑑定人の判断であった。

⑶　責任能力に関する参考意見

　鑑定書には、責任能力に関する参考意見が付されていた。概要は次の
とおりである。

　制御能力について、「いくつ交代人格があろうともあくまで主人格だけ
を個人と考え、主人格が実際犯行をおこなった交代人格をどの程度制御
していたか」をみる視点と、「交代人格も主人格もいずれも個人に属する
わけであるから、いずれの人格も並列に考え、その中でも実際犯行を行っ
た交代人格を含めて、各人格の集合体である個人の制御能力が全体とし
てどの程度であったか」をみる観点と、どちらの観点に立つかによって
判断が分かれるが、どちらの観点からみても、「制御能力は著しくない程
度に障害されていた」と判断するほうが適当である。

公判前整理手続でのカンファレンス

　公判前整理手続で、起訴前鑑定人を証人として採用することが決定された。

　起訴前鑑定人は、公判前整理手続の過程で実施されたカンファレンスにおいて、解離性同一性障害の責任能力を考える視点についてより明確な考え方を提示した。すなわち、「人格がいくつ存在しようとも、実体として存在するのはその個人ひとりである」との前提のもと、「主人格」「交代人格」含めすべての人格を評価対象にすべき、という考え方である。「主人格」と「交代人格」、どの人格が評価対象としてふさわしいかという議論自体が本質的ではない、という見解であった。

　その上で、鑑定書の意見を若干変更し、「本件犯行への解離性同一性障害の影響は認めない」が「被告人は犯行時衝動性が高い状態にあった」と説明した。

公判・論告弁論の内容

1　公判の状況

⑴　被告人質問

　公判での被告人質問と鑑定人尋問の順序について議論され、犯行状況等に関する被告人質問を実施した後、鑑定人尋問を実施し、その後情状に関する被告人質問を実施する、という順序に決定した。

　弁護人としては、解離性同一性障害の症状について裁判官・裁判員に実感してもらうため、また、後の鑑定人尋問の前提として障害の具体的イメージを持ってもらうため、被告人質問で交代人格の出現を試みることを１つの目標にした。法廷で実現するか不安はあったものの、犯行時の供述にさしかかった場面で試みたところ、交代人格「Ｂ」が出現した。接見のとき出現したのと同様の状況であった。交代人格「Ｂ」は、主人格「Ａ」と口調、表情、態度などが異なっていた。主人格「Ａ」は犯行のことを記憶していないと法廷でも答えていたが、交代人格「Ｂ」にはある程度

記憶があり、犯行時の状況についても供述し、検察官の質問にも答えていた。出現していた時間は数分程度であったが、被告人が解離性同一性障害に罹患していることは、裁判官・裁判員にも十分伝わったはずである。

(2) 鑑定人尋問

鑑定人は、カンファレンスのときと同様の考え方に基づいて証言した。本件犯行には解離性同一性障害の影響はないというのが鑑定人の意見であった。

弁護人は、人格の交代を制御することができるのか、という観点から尋問を行った。この点に関する鑑定人の証言は次のとおりである。人格の交代には「状況選択性」がある。切羽詰まったときなど、ストレス状況下にあるときに交代するということである。ただ、ストレス状況下にあっても、交代する場合と交代しない場合があり、その意味で「場当たり的」である。交代が生じる場合には「思わず」、いわば無意識的に交代する。そのため、主人格は別人格に交代することを制御できない。

(3) 論告・弁論の内容

検察官は論告で、鑑定人の見解に従って、主人格も交代人格も含めた1つの個人として評価すべきとの前提にたって、いわゆる7つの着眼点に沿って完全責任能力であると主張した。

弁護人は弁論で、主人格「A」を基準に責任能力を考えるべきだと主張した。なぜなら、普段の生活の大部分を担っているのは主人格「A」であり、交代人格はストレス状況下という限られた場面にしか出現しない、刑罰を受けようとしているのも主人格「A」なのであるから、主人格「A」に完全な責任を負わせることができるのか、という視点で考えるべきであると主張した。その前提で考えると、主人格「A」は別人格に交代することを制御できない。たしかに、ストレス状況下に身を置かなければ人格の交代は生じないといえるが、ストレス状況下に置かないように制御することは困難なので、主人格「A」が別人格の出現を制御することは著しく困難というべきであるとし、制御能力が著しく低下しており心神耗弱の状態であったと主張した。

判決の内容

1　主文

　懲役7年の求刑に対し、判決は、懲役2年6月、執行猶予4年（保護観察付）であった。殺意が否定され、認定罪名が傷害になったことが大きかった。

2　責任能力についての判断

⑴　解離性同一性障害に罹患している者の責任能力の判断手法について

　判決は、被告人が解離性同一性障害に罹患していたことは認めた上で、責任能力の判断手法について次のとおり判断した。「同一人物の中に複数の人格が存在していたとしても、あくまで、一個の個人が存在するにすぎないのであるから、一方の人格が、他方の人格の出現を制御することが著しく困難であったとしても、犯行時の人格の弁識能力及び行動制御能力に著しい低下及び欠如がないと認められるのであれば、行為者は、一個の個人として当該行為に対し責任を負うべきであると解される。したがって、解離性同一性障害に罹患している者の責任能力については、犯行時の人格に着目し、その人格の弁識能力及び行動制御能力の有無を検討することによって判断すべき」である。

　弁護人の主人格を基準にすべきとの主張は排斥された。ただ、判決は専ら交代人格「B」の責任能力を検討しているように読み取れ、すべての人格を評価対象にすべきという鑑定人の意見とも相違するようにも感じた。その点でやや不明瞭な判決ではなかったかと思われる。

⑵　本件の責任能力判断

　上記の視点にたって、交代人格「B」の弁識能力および行動制御能力の有無が、いわゆる7つの着眼点に沿って検討された。その結果、被告人は完全責任能力と判断された。

　もっとも、量刑の理由の中で、本件犯行には解離性同一性障害の影響があったとも認定された。継続的な治療が必要と判断され、保護観察が付された。

雑感

　本件で、責任能力を争うべきか、弁護人としては非常に悩んだ。筆者は、解離性同一性障害と診断された被告人を担当するのは、初めての経験であった。接見で、交代人格の出現を目の当たりにしたときには、衝撃を受けた。書籍などで存在は知っていたものの、いざ目の前にすると、この障害の深刻さを感じた。被告人本人も、交代人格が出現することに非常に苦悩している様子が見て取れた。被告人が解離性同一性障害に罹患し苦悩していることは法廷に出すべきだと考えた。

　交代人格出現時に本件犯行が実行されたことは検察官も争っていなかったところ、本件犯行に解離性同一性障害が影響していたことは明らかであると考えられ、責任能力の主張が排斥されても、情状事実として有利に作用するのではないか、という考えもあり、責任能力を争うことにした。もっとも、責任能力を争う主張としては、この障害に対する理解や法的な位置付けについて全く吟味が足りなかったと自戒している。鑑定人の見解に立つ限り完全責任能力と判断されるため、「主人格基準説」ともいうべき主張を組み立てたが、あえなく排斥されてしまった。

　本件の主戦場は殺意の有無であり、責任能力の主張は補完的な位置付けであった。責任能力を争うのではなく、情状事実として主張したほうが判断者の共感を得られたのではないかとも考えている。

弁護士のコメント

水谷恭史　みずたに・きょうじ　大阪弁護士会

本稿のポイント

　本稿では、弁護人として、①解離性同一性障害の兆候をどう把握するか、②障害の影響を理由に責任能力を争おうとするときの留意点や課題につ

いてコメントする。

解離性同一性障害の兆候をどのように把握するか

　解離性同一性障害は、解離性症群／解離性障害群（DSM-5）[1]、あるいは解離性(転換性) 障害（ICD-10）[2]に含まれる病態である。ひとりの個人に、性格、認識、氏名、年齢や性別すら異なる独立した複数の人格が宿り、人格同士で記憶や意識が共有される場合も、分断されている場合もある。人格が分断していると、他の人格を知らなかったり、他の人格が行動していた間の出来事を知らない記憶の欠落が生じたりする。DSM-5では「同一性の破綻」「憑依体験」と表現される。客観的に観察できる身体はひとつであり、第三者には、先ほどまで穏やかだった者が急に乱暴に振る舞い始める人格の著しい豹変とか、はっきり覚えているはずの最近の出来事を、知らない、と言い張る奇異な言動として映る。

　解離性同一性障害を有する者は、幼少時に受けた虐待などの心的外傷やストレスを抱えていることが多い。心的外傷やストレスと解離症状の関係についてさまざまな説明がありえるが、愛着と虐待を受ける現実との葛藤を受け容れられず、辛い記憶を封印して切り離す心理的な防衛機制であるとする説明が的を射ているように思われる。筆者が過去に接した被告人は、幼少時にしばしば、自分の意識が体から離れて空中に浮かび、親から暴行を受ける自分を見下ろしていた、痛みや苦しみは感じなかったという。

　記憶の欠落や人格交代の自覚がない、あるいは多少の自覚があっても本人が積極的に説明しないことがある。周囲に理解されず、都合が悪いから忘れたふりをしている、嘘をついてごまかそうとしているなどと非難されるのを恐れ、適当に辻褄を合わせる社会的適応が身についている

1　American Psychiatric Association（アメリカ精神医学会）（日本精神神経学会監修、高橋三郎ほか訳）『DSM-5　精神疾患の診断・統計マニュアル』（医学書院、2014年）289頁〜。
2　World Health Organization（WHO 世界保健機関）（融道男ほか訳）『精神および行動の障害──臨床記述と診断ガイドライン新訂版』（医学書院、2005年）162頁〜。

からである。本件でいえば、元配偶者を刃物で刺す場面は非日常的な出来事である。興奮のあまり詳細を覚えていないのはともかく、一切覚えていないというのは一般的に理解されがたい。まして取調官の理解を得るのは困難である。無理解に基づく厳しい追及を受けた挙句、主観的な記憶がないのに、迎合して供述してしまうことにもなりかねない。

　弁護人としては、丁寧な聴取の結果、平素の人格と事件時の人格に同一人とは思えないほど著しい豹変があるとか、重要であるはずの記憶が欠落している場合は、解離性の健忘や人格交代の可能性を考慮すべきことになる。もっとも、記憶の欠落が他の精神疾患に由来しないか、飲酒、薬物や強く頭を打つなどの物理的衝撃の影響はないか見極めることも必要である。本人だけではなく家族からも、過去に唐突で著しい人格の豹変や頻繁な記憶の欠落があったか、その時の様子などを丁寧に聴き取り、精神科医に相談することが必要となろう。本件では、事件以前に解離性同一性障害と診断されたことはなかったものの、精神的な不調を抱えて医療機関に通院していたことや、被害者である元配偶者やその他の家族らも交代人格の出現を認識していたことなどから、起訴前鑑定、解離性同一性障害の診断につながったと考えられる。

解離性同一性障害を理由に責任能力を争う場合の留意点、課題

　社会的な認知は進んだものの、解離性同一性障害はなお、一般的には理解されにくい精神障害である。強いストレスや葛藤に直面したとき、心の防衛機制として人格交代や記憶喪失が生じることも、事情を知らない第三者には都合の悪い事実から逃げているようにもみえる。報告者も述べるように、信頼できる人間関係の下では意図的に人格を交代できる場合もあるものの、強いストレスや葛藤の下では無意識に人格交代が生じること、交代後に表れた人格の意思・行動を（主観的には）統制できないことについて、裁判官・裁判員の理解を得るべきである。罪を犯すか否かの葛藤を乗り越え、あえて犯罪行為に及んだ意思決定を非難する行為責任主義の観点からは、主人格が葛藤に耐え切れず人格交代が生じ、

主人格がコントロールできない交代後の人格が犯罪行為に及んだ経緯を明らかにして、実態に即した量刑判断を求める必要がある。

　解離性同一性障害による交代人格の行為であることを理由に責任能力を争った事例のうち、少数ながら心神耗弱を認めた例がある。[▼3] 完全責任能力を認定したうえで、障害の影響を量刑判断の際に考慮し、減軽、あるいは執行猶予を付すべき有利な事情として援用した事例もみられる。[▼4]

　刑事裁判は、行為時の人格、裁判を受ける人格、刑罰を受ける人格が同一であることを前提とする。被告人が争う場合、検察官は被告人と犯人の同一性を証明する責任を負う。ところが、被告人が解離性同一性障害を抱える場合、客観的な人格同一性が明らかであっても、主観的な人格同一性は連動しない。被告人の主観では、犯罪に及んだ主体と法廷で訴追を受ける主体は別人格であり、罪を犯した自覚を持つのは困難である。生来の人格、日常生活を統括する人格、犯罪行為時の人格、裁判を受ける人格がそれぞれ異なる場合は、さらに錯綜する。

　責任能力の有無や程度は、どの人格について検討すべきか。本件では３つの異なる視点が示された。主たる人格が交代人格の罪を犯す意思決定や行動を統制できたか否かを問うもの（報告者が主張した主人格基準）、行為時に身体を現に統御していた交代人格の弁識・制御能力を問うもの（判決が採用したとみられる行為人格基準）、主人格、交代人格を個別に捉えず、これらを含む１個の実存する個人を評価対象とするもの（本件鑑定人がカンファレンスで示した基準）である。[▼5]

3　殺人について完全責任能力、死体損壊罪について無能力とした東京地判平20・5・27（ただし、控訴審は死体損壊罪にも完全責任能力を認めた）、交代人格の犯行について心神耗弱を認めた東京高判平30・2・27、心神耗弱を認めて再度執行猶予を付した大阪高判平31・3・27など。
4　本件のほか、名古屋高金沢支判平28・3・10判決など。ただし、報告者が言及するとおり、本件は殺意が否定されて傷害罪に縮小認定されたことが執行猶予の付与に大きく寄与したと考えられる。
5　解離性同一性障害を有する被告人の刑事責任能力判断に関する考察として、上原大祐・鹿児島大准教授の一連の論考を参照されたい。「解離性同一性障害患者の刑事責任をめぐる考察：アメリカにおける議論を素材として」廣島法学27巻4号（2004年）185頁、「刑事責任と人格の同一性(1)アメリカにおける解離性同一性障害患者たる被告人の刑事責任を巡る議論を素材として」広島法学32巻4号（2009年）97頁、「同（2・完）」広島法学33巻1号（2009年）15頁、「刑事責任判断における人格同一性の位置づけ」鹿児島大学法学論集46巻2号（2012年）1頁、「人格同一性と刑事責任能力」広島法学39巻3号（2016年）130頁、「解離性同一性障害患者たる被告人の

解離性同一性障害の影響による責任能力が争点となった裁判例を通覧すると、統一的な見解までは見出せないものの、行為時の人格的態度を基準に弁識・制御能力の有無及び程度を判断し、完全責任能力を肯定する事例が多いようである（人格交代や人格相互の独立性を否定的に解し、複数の人格的態度を併有する1個の個人に過ぎないとして責任能力を肯定した例もある）[6]。そうすると、行為当時の交代人格に精神症状があったか否か、事件への影響の機序も精神鑑定の対象とすべきこととなる。ただし、本判決は、人格交代前の事情や状況も考慮し、動機の形成から犯行の決意、実行に至る過程が合理的に一貫していれば、途中で人格が交代しても責任能力に影響しない、本件鑑定人の基準に近い判断を示したとみることもできる。

　報告者は、解離性同一性障害の影響について情状面での主張に絞るべきだったかもしれないと述べるが、必ずしもそうとはいえない。解離性同一性障害が影響した可能性があるなら専門家の鑑定が必要である。情状鑑定が証拠として採用されにくい現状に照らせば、責任能力に疑いがあることを主張しつつ、実態に応じて情状面での考慮を求める弁護活動は検討に値する。本判決は、保護観察付き執行猶予を付す理由として同障害の事件への影響と治療の必要性を挙げており、報告者の弁護活動が一定程度、功を奏したともいえる。

　本件では起訴前鑑定に依拠して限定責任能力の主張がなされたが、起訴後の裁判員法50条による職権による再鑑定、あるいは起訴前鑑定の評価を争うセカンド・オピニオンとして精神科医の意見書を証拠採用させることも考慮に値する。解離性同一性障害に対する無理解による不当な非難を防ぐため、障害の存在を公判廷で明らかにすることが重要である。なお、精神科医により解離性同一性障害の理解や解釈は多様であり、人格の独立性や判断力・制御力への影響について懐疑的な見方もある。複数の精神科医の見解を得たうえで、責任能力の争い方を決すべきであろう。

刑事責任判断・再考 : 近時の裁判例を素材として」鹿児島大学法学論集53巻2号（2019年）39頁以下。
6　大阪地堺支判平28・12・6（同事件控訴審・大阪高判平29・6・9も参照）。

精神科医のコメント

司法精神医学の難問

　解離性同一性障害（dissociative identity disorder、以下DID）もしくは多重人格（multiple personality）は稀な病態であるが、司法精神医学にとっては独特な難問である。米国では1980年前後から多重人格の報告例が急増した。関心の高まりの背景には病因と推定される児童虐待の増加とともに著名な犯罪事件で多重人格の概念や責任能力が争点となったことがあげられる。人格とは何かという法体系の根幹が問われ、裁判所は多重人格の悪夢に悩まされたという[7]。論争の経緯についてはすでに報告したので要点のみ述べる。諸家の説をまとめると多重人格での責任能力は次のように考えられた。

① 　多重人格と診断されれば常に責任無能力。
② 　主人格が犯行時の交代人格の行為を関知、統御できなければ責任無能力。
③ 　犯行時の人格が邪悪性を識別し、行為を法に従わせる能力を欠くと認められる場合に限り責任無能力。

　米国の現状では①が裁判所に採用されることはなく、②と③のいずれを採用するかが問題となった。実際には裁判では③が受け入れやすいとされた。理由は、人格の多重化という概念自体が統一体としての人間を前提として成り立つ法体系と馴染まないからと言われている。

7　中谷陽二「多重人格と犯罪——米国における最近の動向」臨床精神医学 25巻2号（1996年）247〜255頁。

臨床的視点から

　解離（dissociation）の現象を始めて系統的に記述したのはフランスの精神医学者ピエール・ジャネである[8]。ジャネの視点では、知覚、運動、感情、思考等から構成される統合されたシステムが人格であり、解離現象においては別の小システムが全体から分離して動き出す。小システムが本来のシステムからどの程度分離しているか、またどの程度統合されているかに応じて異なった病像が現れる。古典的な解離現象は夢遊病（夢中遊行）である。睡眠中に突然起き上がって徘徊する。もうろう状態すなわち意識野の狭窄を呈する。無目的でまとまりのない行動を呈し、呼びかけへの反応が著明に低下するため、周囲の目には異変が明らかである。これとは対照的に、多重人格の交代人格では一見して統制の取れた行動が観察される。本来の人格システムからきれいに分離し、なおかつそれ自体としては統合された小システムが現れるのである。

　アメリカ精神医学会の『精神疾患の診断・統計マニュアル』は第3版（DSN-Ⅲ-R）までは多重人格障害の語を用いたが、第4版（DSM-Ⅳ）ではDIDの疾患名に変更した。他方、世界保健機関『精神および行動の障害』は現在のICD-10で多重人格障害の語を用いている[9]。この名称の違いは本質把握の違いを反映している。

　最新版のDSM-5によれば、DIDとは「2つまたはそれ以上の、他とはっきり区別されるパーソナリティ状態（distinct personality states）によって特徴づけられた同一性の破綻である。同一性の破綻とは、自己感覚や意志作用感（sense of agency）の明らかな不連続を意味し、感情、行動、記憶、知覚等の変容を伴う[10]。一方、ICD-10は多重人格障害を「2つ以上の別個

8　中谷陽二「解離性障害——ジャネからDSM-Ⅳまで」精神神経学雑誌102巻（2000年）1～12頁。

9　World Health Organization: The ICD-10 Classification of Mental and Behavioural Disorders. 1992. 融道男ほか訳、『ICD-10 精神および行動の障害——臨床記述と診断ガイドライン［新訂版］』（医学書院、2005年）。

10　American Psychiatric Association. Diagnostic and Statistical Manual of Mental Disorders, Fifth edition, APA, 2013. 高橋三郎、大野裕監訳『DSM-5 精神疾患の診断・統計マニュアル』（医学書院、2014年）。

の人格が同一個人にはっきりと存在し、そのうち１つだけがある時点で明らかである〈……〉おのおのは独立した記憶、行動、好みをもつ完全な人格である」とする。

　両者には視点に若干の相違がある。DSM-5では〝人格の状態〟の変化が突然で制御不能であること、体験が不連続であることに力点が置かれる。他方、ICD-10では同一人物内の別個の〝人格の存在〟が想定される。これを喩えて言えば次のようなものである。Ａ、Ｂ、Ｃ、Ｄという４人のメンバーから構成されるチームがある。ある時はＡが表に現れ、Ｂ、Ｃ、Ｄは隠れて見えない。またある時はＢが現れ、Ａ、Ｃ、Ｄは隠れている。ICD-10のモデルでは、チームは一人の人間、メンバーはその中に存在する別個の人格に相当する。実際、人格交代はドラマチックで、いかにも「隠れていたものが突然顔を出した」という印象を見る人に与える。しかし我々が直接観察できるのはあくまで継時的な状態変化という現象であり、個人の中の複数の人格の〝存在〟ではないことに注意したい。

事例の考察

　以上を踏まえて本件について考察する。弁護人の主張および裁判所の判決は次のように要約される。弁護人は、主人格Ａが犯行時の交代人格Ｂの行為を制御できるかに着目する立場から、交代人格の出現を制御することが著しく困難である場合、その行為の制御も著しく困難となり、行動制御能力は著しく低下すると主張した。それに対して判決は、同一人物の中に複数の人格が存在していたとしても、一個の個人が存在するに過ぎず、一方の人格が他方の人格の出現を制御することが困難であったとしても、犯行時の人格の弁識能力及び行動制御能力に著しい低下および欠如がないと認められるのであれば行為者は当該行為に対して責任を負うとした。さらにＢはＡの怒りや妬ましさという感情を引き継いでおり、犯行は交代人格の出現に基づく不合理で不可解な動機により行われたとはいえない。犯行後に合理的な行動をしており、公判廷で出現したＢが語る犯行当時の状況や心境についての認識にも欠けるところはな

く、その弁識および行動制御能力は著しく低下した状態ではなかったとする。

弁護人の主張は前記の米国での基準②におおむね合致する。一方、判決は、交代人格の弁識・行動制御能力に著しい低下がなかったこと、交代人格が主人格の怒りの感情等を共有していたこと、という2つの論拠の合わせ技一本のかたちになっている。前者を要件X、後者を要件Yと呼んでおく。要件Xは米国での基準③に相当する。そこになぜ要件Yを加えるのか。たしかに、被告人が主人格の状態においても暴力的、衝動的な言動を示した事実がある。その意味では主人格と交代人格の間の異質性が不明瞭である。前述のように個々の人格の状態が不連続であることをDIDの基本的特徴とするなら本事例はその純型というよりも不全型とみるべきである。

責任能力についての私見を述べるなら、少なくとも典型的なDIDの事例では、仮に犯行時の行動が合理的に見えたとしても、それが人格の状態の制御不能の変化によって始めて起こりえたとみなされるなら、完全責任能力の認定は躊躇される。

おわりに

精神病理学者の中井らは「二重人格はなぜありにくいか」と題する論考の中で、憑依などと比較して、統合された一個の人格を作り出す多重人格がいかにむずかしい離れ業であるかについて論じた。[11] まとまりのある人格が制御不能のかたちで出現するDIDは解離現象のいわば極限に位置する。現れた人格が統合されているほど病態としては重いのであるが、そのことによって法的には完全責任能力が認定されやすくなる。これを逆説といわずして何といおうか。

11 中井久夫、山口直彦「二重人格はなぜありにくいか」高橋俊彦編『分裂病の精神病理〈15〉』(東京大学出版会、1986年)81〜96頁。

窃盗被告事件
（診断：非けいれん性てんかん重積（NCSE））
東京地立川支判平27・4・14　LEX/DB25506285

非けいれん性てんかん重積による意識障害の状態（分別もうろう状態）下による犯行が心神喪失と認定された事例

報告論文

林 大悟　はやし・だいご　東京弁護士会

事案の概要

　被告人は、原付バイクで家電量販店に向かい、同店5階で手や原付バイクの鍵を用いてゲームソフトのクリアケースをこじ開け、ゲームソフトを抜き出した。その後、同店2階に移動してニッパーツメキリを万引きし、これを用いて同店3階でヘッドホンを万引きし、再度5階に戻りニッパーツメキリを用いてゲームソフトのクリアケースをこじ開けようとした。その後、被告人は、客の通報を受けて駆けつけた店員に気づき逃走したが、追いつかれて事務室に連れて行かれた。事務室ではニッパーツメキリを靴の中に、ゲームソフトは出入り口のドアの隙間に隠すなどした。被告人には事務所荒しを含む窃盗前科2犯があり、服役経験があった。本件の被害額は、合計4万5,530円であった。

受任の経緯と弁護方針

　被告人の実母と元妻は、被告人の平素の人格と窃盗行為とが異質であると感じ、インターネットで調べた結果、被告人の窃盗行動は窃盗症の

症状なのではないかと考えた。そこで、本件の起訴後に窃盗症の弁護を専門的に行っている当職に被告人の弁護を依頼した。

当職が接見をした際、被告人の礼節は保たれており、窃盗罪で複数の服役経験がある人には到底見えないという印象を持った。他方で、被告人は、本件万引き行為の記憶は一応保持しており、動機についても、当職に対し、被害店舗内でゲームソフトを見ていたらほしくなった旨を説明した。しかし、なぜ購入しなかったのかと質問しても、被告人は、「そのときは精神状態がおかしかったとしかいえないです」等と述べ、自分でも動機を合理的に説明できない様子であった。

当職は、被告人が窃盗自体に対する欲求や衝動を抱えているわけではないこと、窃盗症であるとするには過去の窃盗行為の数が少ないことから、窃盗症の診断基準を満たさないと判断した。他方、元妻や同居する実母から聴取した被告人の生活状況や病歴等の情報、および、接見時の被告人の言動から、てんかんの罹患が疑われ、てんかんが本件犯行に影響を与えた可能性を考えた。

そこで、まずは脳器質的障害に詳しい医師に意見書を作成してもらい、当職の見立ての裏づけが取れた段階で裁判所に精神鑑定を請求する方針を立てた。

受任後の経過

当職が受任した後の経過は以下のとおりである。なお、第1回公判期日は、前任の国選弁護人が出廷しており、公訴事実は争っていなかった。

2014年1月20日　第2回公判期日（武蔵野簡裁）
　　　　　　　　　当職は、被告人が、本件犯行時、うつ病とてんかんに罹患しており、これらの精神障害が本件犯行に影響を与えた可能性があるとして、心神喪失ないし心神耗弱の主張をした。
　　　　　　　　　同日、東京地裁立川支部に移送決定（法332条）。

2014年2月19日　第1回打合せ期日（東京地裁立川支部）

今後の進行として、次々回公判期日で実施予定の被告人質問の調書を資料とした上で、弁護人が作成を依頼した医師の意見書を証拠請求または鑑定請求の添付資料として提出することなどが確認された。

2014年3月4日　第3回公判期日

公判手続更新および乙号証取り調べ等。

2014年3月13日　第4回公判期日

被告人質問。

2014年4月22日　第2回打合せ期日

今後の進行として、次々回公判期日において、弁護人依頼の意見書を作成した医師の証人尋問を行うことを予定し、その結果を踏まえて、鑑定請求に対する検察官の意見を聴いて、同請求の採否を行うこと等が確認された。

2014年4月28日　第5回公判期日

弁護人請求の各書証（医師の意見書およびその基礎資料となった診療記録）の取調べ。

2014年5月19日　第6回公判期日

弁護人請求の医師の証人尋問実施。

2014年6月6日　精神鑑定は不必要である旨の検察官の意見書提出。

2014年6月20日　裁定合議決定。

2014年7月8日　第7回公判期日

公判手続の更新及び精神鑑定実施を決定。

2014年8月5日　第8回公判期日

鑑定人尋問等を実施。

2014年9月22日　精神鑑定書完成。

2014年10月8日　第9回公判期日

精神鑑定書を双方同意の上で取り調べおよび鑑定人の証人尋問実施。

2014年10月22日　第３回打合せ期日

2014年11月７日　検察官による再鑑定請求。

2014年11月12日　第10回公判期日

公判手続の更新。

本件当日の被告人の被害店舗内外での行動状況等に関する検察官の追加立証（防犯カメラ映像等）実施。

2014年11月27日　再鑑定請求は不必要である旨の弁護人の意見提出。

2014年12月10日　第11回公判期日

検察官の再鑑定請求却下決定。

異議申立て棄却決定。

検察官は、鑑定意見を弾劾するため、被告人を診察していない医師を証人尋問請求したが、弁護人は、必要性なしの意見を述べた。

2015年２月６日　第12回公判期日

鑑定人の追加証人尋問。

鑑定人は、検察官が追加立証した犯行状況に関する防犯カメラ映像をみても鑑定意見は不変であることなどを証言した。

検察官の証人（無診察医）尋問請求に対する却下決定。

異議申立て棄却決定。

2015年３月２日　第13回公判期日、論告弁論期日

2015年４月14日　判決期日

無罪判決（心神喪失）１審確定。

鑑定意見

1　被告人がてんかんに罹患していること

本件における鑑定人作成の精神鑑定書および鑑定人の公判供述の概要は以下のとおりである。

被告人には精神科的遺伝負因はなく、出生から35歳頃までの生活歴を

みても精神医学的に特記すべき事項はない。被告人が35歳頃からうつ病を発症し、通院を開始し、本件犯行まで不眠を主訴に治療が継続されていた。そして、被告人が46歳頃から、けいれん発作が出現したが、てんかんの本格的治療には至っていない。発作の出現時期は、交通事故が頻回に出現した時期と一致し、関連が示唆される。

てんかんとは、「様々な病因によって生じる慢性の脳疾患であり、大脳の神経細胞の過剰放電に基づく反復性発作を主徴とする」ものであり、てんかんの診断は、脳波検査（最も重要）、画像検査（CT、MRI、SPECT等）、血液・尿検査等の結果を総合して判断する。

鑑定時の検査所見は、血液・尿検査、胸腹部レントゲン、心電図検査、頭部CT/MRI検査すべて異常はなく、SPECT検査は広範囲に軽度血流低下を認めるが、てんかんの焦点や認知症を疑うもの（著明な血流低下）ではない。

他方、脳波所見ではてんかん性脳波異常が高頻度、かつ長い持続時間で出現し、脳波異常が頭皮上の広い広がりをもっていることから、①日常的にこの脳波異常が出現していること、②臨床的には非けいれん性てんかん重積（NCSE）の症状を呈すること、③時に強直間代発作となることが高い蓋然性をもって推測される。これまで被告人に関して認識されていたのは③のみであり、今回の犯行と関連しているのは、②の状態である。

被告人の場合、脳に病変の見当たらない原因不明のてんかんである特発性てんかんに分類される。また、発作が5〜30分以上連続的に生じる場合を「（発作）重積」と呼ぶ。けいれんを伴うもの、けいれんを伴わないものがあり、後者を非けいれん性発作重積（NCSE）という。NCSEでは、けいれんが前景に立たず、意識障害（分別もうろう状態）が主要な臨床症状となる。遷延性のもうろう状態では、数時間から数日にわたり、不機嫌、興奮、衝動的、不穏な状態を示す。意識は減損しており健忘を残すことが多いが、周囲との接触性がある程度保たれ、回復後も当時のことを覚えていることがある。

2　被告人の犯行当時の生活状況および犯行時の健康状態

　被告人が犯行数カ月前に勤務していた運送会社の社長によると、勤務時の被告人の応答は曖昧で、受けた注意や指示を失念したり、商品自己や車両事故を多発（合計12回）させたりしたため解雇となった。解雇後は、不眠や「ボーとする感じ」、倦怠感等を感じ自宅で過ごしていた。「ボーとして」数回、尿や便を失禁したことが母親によって確認されている。

　上記の出来事は、NCSEの状態で意識が減損していたことを示唆する。

　犯行当日は、9時頃起床し、処方薬を内服した後、バイクで行きつけの理髪店に向かった。散髪後、近隣の寿司屋に入ったが3皿のみ食べたところで気分が悪くなり終了した。

　この出来事は、てんかん発作の前兆もしくは小さな発作と考えられる。内服した薬は抗うつ薬、睡眠薬2種類、抗不安薬であり、抗てんかん薬は含まれていない。抗うつ薬は、Mirtazapine45mgと高用量であり脳波所見を悪化させていた可能性がある。

3　被告人の犯行時の行動と責任能力

　被告人は、商品の位置、売り場を確認し、目的地に移動できていることから意識が完全に失われてはいないが、防犯カメラの下、周囲に人がいる状態で犯行に及ぶなど、あえて捕まるような状態に身を置いたり、バイクの鍵で防犯用タグを外そうとして鍵を曲げており、鍵が曲がればバイクを使用できなくなることに考えが及ばなかったりする様子からは、周囲に対する注意や認識、思考力が著しく低下していたと推測される。

　被告人は、警備員に声をかけられ警備員室に連れて行かれたが、「怖くなって」ゲームソフトは扉と壁の間、ニッパーは靴に隠そうとした。

　このように被告人は、自分の行動が反社会的であることを自覚し、隠蔽しようとしている。声を掛けられた刺激により意識レベルが若干改善した可能性がある。脳波（脳活動）は分単位で変化するものであり、隠蔽の事実をもって犯行時点における意識障害が軽度であったとはいえない。以上から、被告人は数カ月前から頻繁にNCSEを起こしており、犯行時にも、NCSEによる意識障害の状態（分別もうろう状態）にあったと考えるの

が合理的である。

　そして、分別もうろう状態では、通常睡眠時にしか出てこない周波の脳波が出ているため、自分では制御できない脳の活動の状態にあるから、本件行為時の被告人は、いわば夢の中で行動しているような状況で、物事の善悪につき理解していた部分はあると思うが、葛藤や欲求を抑制していた理性がはずれ、善悪の判断に従って行動を制御する能力を失っていたと考えられる。

判決要旨

　……以上によれば、N鑑定のとおり、被告人は、本件行為当時NCSEによる意識障害の状態（分別もうろう状態）にあった可能性が高いと認められる。そして、周囲に不特定多数の客や店員がおり、反対動機を形成し、それに従って犯行を思いとどまる機会がいくらでもあった上、現に、被告人が他の客の存在に反応しており、明らかに被告人の行動を不審がる客もいたことからすれば、ある程度の行動制御能力を有していれば途中で犯行を思いとどまってしかるべきである。そうであるにもかかわらず、本件行為を成し遂げているということは、被告人が、前記意識障害の影響により、もはや善悪の判断に基づき欲求や衝動を抑えることができない状態に陥っていたことを示しているとも考えられる。よって、被告人は、本件行為当時、事理弁識能力はある程度備わっていたと評価できなくもないが、少なくとも行動制御能力はないに等しい状態であったとの合理的な疑いが払拭できない。

本判決の意義

　最判平20・4・25刑集62巻5号155頁は、「生物学的要素である精神障害の有無及び程度並びにこれが心理学的要素に与えた影響の有無及び程度については、その診断が臨床精神医学の本分であることにかんがみれば、専門家たる精神医学者の意見が鑑定等として証拠となっている場合

には、鑑定人の公正さや能力に疑いが生じたり、鑑定の前提条件に問題があったりするなど、これを採用し得ない合理的な事情が認められるのでない限り、その意見を十分に尊重して認定すべきものというべきである」と判示し、鑑定尊重の立場を明示している。

本判決は、この最高裁判決の枠組みで鑑定意見の信用性を検討し、「基本的に高い信用性を備えている」と鑑定意見の信用性を肯定した。

本件の被告人は、行為時の記憶を一定程度は保持しており、防犯タグを外すという合目的性が認められる行為態様であったり、他の客が近づくと一旦、商品のケースをこじ開ける動作を中断し、事務室に連れて行かれた際には、盗品を隠匿する等の行動に出るなど、責任能力を肯定する事情も多数あった。しかし、本判決は、被告人のNCSEの症状特性を踏まえて、行為時の記憶の程度や犯行態様等を慎重に検討した結果、心神喪失を認めており、今後の実務の参考事例になるものといえる。

弁護活動のポイント

本件では、まず、家族や被告人との面談の際に、窃盗症や解離性障害ではないと弁護人において気づくことができたことがポイントであったと思う。

また、本件では、過去の懲役の実刑となった同種前科の存在が鑑定請求の際のネックであった。なぜなら、過去の同種前科の存在に鑑みると、被告人の本件窃盗行為は、人格同質性があるとも思われるからである。この点、弁護人において、診療録を含む記録を精査し、被告人の病歴と犯行歴を時系列で整理したことによって、前科前歴にかかる窃盗行為、および、本件行為の前後数カ月内に被告人がけいれん発作で緊急搬送されている事実に気付くことができた。

この事実によって、てんかん発作と過去および今回の窃盗行為との関連性が合理的に疑われたことにより、鑑定請求が採用されたものである。さらに、本件では、検察官の追加証拠の中に心神喪失の判断に繋がる証拠が含まれていた。

すなわち、事件当日に被告人が作成したという上申書では、入店時刻が数時間ずれており、てんかんによる意識障害を推認する事情となった。この点、てんかんの専門医を訪ねて、あらかじめNCSEの症状特性に関して知識を得ていたことが、上申書の時間のずれの重要性に気付くきっかけとなった。このように労を惜しまず、専門家に教えを請うことは重要である。

　また、防犯カメラ映像には、被告人が他の客の真横でニッパーツメキリの箱から商品を取り出し、空箱を元の位置に戻す場面が映っていた。この映像を見つけたとき、その犯行態様の無防備さから当職は無罪を確信した。なお、理由は不明であるが、この場面が映っている箇所だけDVDの再生が正常にできず、根気よく画面を見つめていると突如、正常に再生されるという状態であった。このように本件のすべての証拠を精査することが心神喪失の結果に繋がったと思う。

終わりに

　本件では、当初、国選弁護人が責任能力を争わず、実刑になることを予想して保釈請求をするなどしており、弁護人が交替しなければ、短期間で結審し、前科関係から推測すると、相当長期の実刑判決が言い渡されていたと思われる。

　本件被告人は、経済的に困窮した事情がなく、度重なる検挙によって社会生活に重大な支障が生じているにもかかわらず、不合理な窃盗行動を止めることができなかった。このような被疑者・被告人の弁護を担当する場合には、たとえ犯行時の記憶が保持されており、一見合理的な動機が語られ、犯行態様の合目的性や一貫性も認められても、まずは、反復窃盗行動の背後に何らかの精神障害の存在を疑うべきである。そして、当該被疑者・被告人が罹患している精神障害の症状の程度や症状特性の観点から、犯行動機や犯行態様の真の意味が理解されなければならない。

弁護士のコメント

田岡直博 <small>たおか・なおひろ　香川県弁護士会</small>

反復窃盗者の責任能力

　窃盗（その中でも、万引き）はありふれた犯罪であるが、精神障害が疑われることは珍しいことではない。もともとは犯罪とは無縁であったのにあるときを境に万引きを繰り返すようになったり、明らかに不必要と思われる物を万引きしており被告人自身も理由が説明できなかったり、犯行時の記憶が（一部または全部）なかったり、事情はさまざまであるが、われわれ素人の感覚でも「なぜ、窃盗を繰り返しているのか」が理解（了解）しがたいことがある。特にそれが一度や二度であればともかく、何度も窃盗を繰り返しており、罰金や執行猶予判決を受けても、なお止まらない場合には、「もしかしたら、精神障害の影響ではないだろうか」と疑われることが多い。被告人や家族から「一度、精神鑑定を受けてみたい」と希望されることもあれば、弁護人から、精神鑑定を受けることを勧めることもある。

　しかし、現実には、責任能力が争われる事例は多いとはいえない。その原因にはさまざまなものがあると想定されるが、窃盗（万引き）は軽微な犯罪であり、初犯であれば執行猶予判決が予想されることから、被告人や家族が精神鑑定を希望せず、弁護人もその必要はないと判断して、精神鑑定を請求しない場合もあろう。また、仮に弁護人が精神鑑定を請求しても、精神鑑定を採用すれば審理が長期化する上、鑑定人を確保しなければならないことなどから、裁判所に難色を示される場合もあろう。さらに、仮に責任能力を争っても、反復窃盗（万引き）事案は、代金を支払わずに財産的価値のある物を得ていることから、（表面的には）「動機は了解可能」「行動は合目的的」と評価されがちであり、責任能力の減免は認められづらいという事情もあると思われる。その結果、精神障害があっても見過ごされがちであり、執行猶予中の再犯など実刑が予想される事

態に至って、初めて責任能力が争われる事例が少なくないように思われる。

　もとより、窃盗（万引き）を繰り返しているからというだけでは、窃盗症（クレプトマニア）であるとはいえない。単に（利欲的動機から）窃盗を繰り返しているだけの人もいれば、他の精神障害の影響により窃盗を繰り返している人もいるからである。重要なことは、もし被告人の言動や生活状況等から「なぜ、窃盗を繰り返しているのか」「もしかしたら、精神障害の影響ではないだろうか」という疑問を持ったら、予断を持たずに専門家に相談することである。そのことが精神障害の発見に繋がり、治療に結びつくことがないとはいえないのである。

　裁判例を見ると、実にさまざまな診断名で、責任能力や故意・不法領得の意思が争われていることわかる（裁判例の状況は、拙稿「万引き事案でも責任能力は問題となりうる」季刊刑事弁護94号〔2018年〕89頁参照）。心神喪失または心神耗弱が認められた事例として、①神戸地姫路支判令3・2・24LLI/DB判例秘書登載（血管性認知症および統合失調症、心神喪失）、②福岡高判令2・2・26LLI/DB判例秘書登載、季刊刑事弁護104号（2020年）116頁（統合失調症、心神喪失）、③東京地判平28・12・16LEX/DB25546921（統合失調症、心神耗弱）、④大津地判平27・8・18LLI/DB判例秘書登載（高次脳機能障害、心神喪失）、⑤東京高判平31・3・19LLI/DB判例秘書登載（高次脳機能障害、心神耗弱）、⑥福島地郡山支判平30・1・31LEX/DB25549505（他の特定される解離性障害、心神喪失）、⑦東京高判平30・2・27判例時報2409号118頁（解離性同一性障害、心神耗弱）、⑧新潟地判平27・4・15LEX/DB25561018（神経性無食欲症・低酸素脳症による認知症、心神耗弱）、⑨横浜地判平27・10・15LLI/DB判例秘書登載（前頭側頭型認知症、心神耗弱）、⑩東京高判平29・9・27LEX/DB25549556、季刊刑事弁護94号（2018年）85頁（ストレス因の非器質性適応障害、心神耗弱）、⑪東京高判平22・10・28東京高等裁判所判決時報刑事61巻1～12号257頁（摂食障害、心神耗弱）、⑫大阪地岸和田支判平28・4・25LLI/DB判例秘書登載（摂食障害・盗癖、心神耗弱）、⑬東京地判令2・4・3LLI/DB判例秘書登載（窃盗症、心神耗弱。ただし、東京高判令2・1・25LLI/DB判例秘書登載はこれを破棄したが、最三小判令3・9・7LLI/DB判例秘書登載

は破棄し、差し戻した）などがある。

　また、故意または不法領得の意思がなかったとされた事例として、⑭大阪地判令2・3・10LLI/DB判例秘書登載、季刊刑事弁護106号（2021年）130頁（器質性精神病、故意なし）、⑮神戸地判平30・2・23LLI/DB判例秘書登載（アルツハイマー型認知症、故意または不法領得の意思なし）、⑯大阪地判平29・8・3LLI/DB判例秘書登載、多剤使用による残遺性障害および遅発性精神病性障害、故意なし・心神喪失）などがある。また、常習性が否定された裁判例として、⑰高知地判平31・1・24LLI/DB判例秘書登載（病的窃盗〔窃盗症〕。ただし、高松高判令1・10・31高等裁判所刑事裁判速報集令和元年589頁、LLI/DB判例秘書登載は、これを破棄し、差し戻した）がある。

　なお、精神鑑定を却下したことが違法とした事例として、⑱高松高判平28・6・21高等裁判所刑事裁判速報集平成28年293頁（前頭側頭型認知症。ただし、差戻審の高知地判平29・8・7LLI/DB判例秘書登載は、完全責任能力とした）、⑲広島高岡山支判令1・6・26LLI/DB判例秘書登載（前頭側頭型認知症。ただし、差戻審の岡山地判令2・12・1LLI/DB判例秘書登載は、完全責任能力とした）、⑳東京高判平25・6・4東京高等裁判所判決時報刑事64巻1〜12号116頁（軽度精神遅滞・人格障害）、㉑札幌高判平23・6・16LLI/DB判例秘書登載（てんかん）などがある。

弁護活動のポイント

　本事例は、非けいれん性てんかん重積（NCSE）による意識障害の状態（分別もうろう状態）の影響により、心神喪失と認められた事例である。反復窃盗（万引き）の事案で、心神喪失が認定された事例は極めて稀であり、反復窃盗弁護の第一人者である林弁護士の弁護活動が引き出した画期的な成果である。てんかんの病理および本事例の分析は安藤久美子医師の論考に譲り、本稿では、弁護活動のポイントを二点指摘したい。

　第一に、林弁護士が「てんかん」による意識障害を疑ったことである。前述のとおり、窃盗を繰り返す原因にはさまざまなものがあり得るが、しばしば窃盗症（クレプトマニア）のみが問題とされ、その他の精神障害

が見過ごされがちである。判決によると、本事例の被告人は本件窃盗の約3年前に救急搬送され、救急外来で計4回の強直性けいれんと強直間代性けいれんを起こして入院したが、脳波検査の結果は明らかな異常所見はなく、「症候性てんかんや解離性障害の疑い」と診断されるにとどまっており、確定診断はなされていなかった。また、その翌年にも再びけいれんを起こして救急搬送されているが、明らかなけいれんの原因は認められず、抗けいれん薬を短期間服用したものの、その後は治療はなされていなかったようである。一般に、けいれん発作の最中の犯行であれば意識障害の疑問が生じるが、本事例のように明らかなけいれん発作がない場合には、（表面的には）「動機は了解可能」「行動は合目的的」と評価されがちであり、意識障害があったことが見過ごされやすい。特に本事例では、てんかんの確定診断はなされておらず、てんかんの疑いと診断された時期は前回の窃盗により実刑判決を受ける前であったことを考えると、弁護人がよほど注意しなければ、「てんかん」による意識障害が見過ごされ、精神鑑定が実施されなかった可能性が高かったと思われる。「てんかん」による意識障害があったことは、林弁護士が被告人および家族から生活状況を聴き取り、診療録等の記録を検討した上で、医師に意見書の作成および証人出廷を依頼するとともに、精神鑑定を請求したことによって初めて判明したことである。その結果、脳波異常が認められたことから、てんかんの確定診断がなされ、治療、そして無罪判決に繋がったのである。これは、林弁護士による弁護活動の成果であると言ってよい。

　第二に、林弁護士が、上申書や防犯カメラ映像などの証拠を丁寧に検討していることである。林弁護士は、事件当日に被告人が作成した上申書は入店時刻が数時間ずれていることから、意識障害があったことを推認させる事情であると論じている。また、防犯カメラ映像に他の客の真横でニッパーツメキリの箱から商品を取り出し、空箱を元の位置に戻す様子が映っており、これも意識障害があったことを推認させる事情であると論じている。これらの事情は、「てんかん」による意識障害の特性を知らなければ、意識障害の所見とは気付きにくく、見落とされる危険性があったように思われる。判決では、「被告人の行動に明らかに不審の目

を向ける客もおり、現に本件犯行は客の一人が店員に通報したことにより発覚しているが、このように他の客が不審がる様子があった後も、被告人はクリアケースをこじ開けようとする行為をやめていない」「少し移動すれば人目につかない場所があるにもかかわらず、他の客の真横でわざわざケースからニッパーツメキリを取出し、さらに空のケースを商品棚に戻すという行動に出ており」「これらの行動も大胆というよりはむしろ異常、不自然というべきである」「被告人が書いた前記上申書の内容も、客観的に認められる入店時刻や行為の順序と矛盾しており、本件行為を含めた前後の記憶を正確に保持していなかった疑いがある」などと評価されており、林弁護士の主張がそのまま採用されている。

精神科医のコメント

安藤久美子 あんどう・くみこ　聖マリアンナ医科大学准教授

はじめに

　本事例は、窃盗の前科があり、かつ、てんかんの診断で治療中の被告人が再度、窃盗事件を起こしたが、犯行時は無けいれん性てんかん重積発作の最中であったと判断され、無罪となったケースである。[1]したがって、本件で着目すべきポイントは、被告人の、以前からの犯罪パターンの分析と、「てんかん」という病態が本件犯行に与えた影響を医学的に明らかにすることである。

　なお、本事例を解説するにあたって提供された資料は、判決書、起訴状、精神鑑定書（脳波を含む検査所見）、精神鑑定プレゼンテーション資料であり、最も重要となる被告人の事件時の様子に関する客観的事実や本人に

---

[1] 本件被告人は当該事件で無罪となった後も同様の窃盗を繰り返し行っており、2019（平成31）年3月の事件の際にも本件と同様のてんかんによる症状を訴えていたが、精神鑑定の結果、有罪判決となっている（東京地判令2・10・20判例集未登載）。

よって語られる事件時の状態については、精神鑑定書内に記載された情報に限定されることから、一部の見解は犯罪精神医学の視点からみた一般的推論に基づく記載であることを断っておく。

てんかんとは

てんかんとは、脳の器質的異常により、その一部分において過剰放電が同期性に発射されることによって当該脳部位の機能に関連した発作症状を常同的に示す病態をさす。一般的によく知られている症状は「意識消失」や「けいれん」であるが、発作時に認められる実際の所見はあらゆる自律神経症状等を含む多岐にわたるものである。一方で「意識消失」や「けいれん」という症状はてんかん以外の病態でみられることも稀でないことにも注意が必要である。

てんかんの分類と犯罪との関係

では、このてんかんという病態がどのような形で犯罪行為と結びついていくのかについて一般論から考えてみる。

1　てんかん発作と病型

まず、てんかん発作には種類があり、脳の一部から生じた興奮が脳全体に波及する全般起始発作と、脳の部分的な興奮が生じる焦点起始発作に大別することができる。全般起始発作を起こすものを全般てんかんといい、これは基本的に意識障害を伴う発作であるため、意識を消失すれば、当然、犯罪という一連の目的をもった行動も遂行不能となる。これに対して焦点起始発作を起こすものを焦点てんかんという。焦点てんかんには意識障害のない焦点意識保持発作と意識障害を伴う焦点意識減損発作があり、前者はこれまででいう単純部分発作に該当し、後者は複雑部分発作に該当する。このようにてんかん発作の中には、意識障害を生じ記憶の欠損を残す場合があるため、病型の鑑別には客観的所見が有用となる。

図1　てんかん病型の分類（国際抗てんかん連盟〔ILAE〕2017年改定）

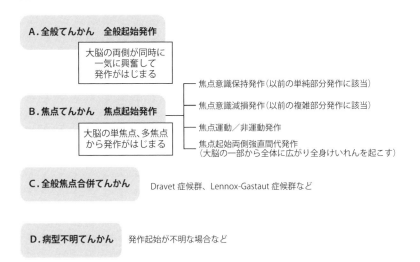

A.全般てんかん　全般起始発作

大脳の両側が同時に
一気に興奮して
発作がはじまる

B.焦点てんかん　焦点起始発作

大脳の単焦点、多焦点
から発作がはじまる

- 焦点意識保持発作（以前の単純部分発作に該当）
- 焦点意識減損発作（以前の複雑部分発作に該当）
- 焦点運動／非運動発作
- 焦点起始両側強直間代発作
（大脳の一部から全体に広がり全身けいれんを起こす）

C.全般焦点合併てんかん　Dravet 症候群、Lennox-Gastaut 症候群など

D.病型不明てんかん　発作起始が不明な場合など

＊国際抗てんかん連盟（ILAE）による分類に基づき、著者が作成。

2　発作時／発作後の行動

　次に発作時あるいは発作後の行動について検討する。

　古典的には、いわゆる「てんかん性格」といわれる粘着性、攻撃性、爆発性といった気質的な特徴を背景として、発作時の意識の減損、あるいは発作後のもうろう状態により先の特徴が発露しやすくなった結果、暴力や殺人、放火などの凶悪な犯罪につながることが指摘されてきた。しかし、1980年代以降は長時間ビデオ脳波同時記録（ビデオ脳波モニタリング）の技術が発展し、発作時/発作後に表出されうる行動の範囲やパターンの分析が進んだことにより、組織的で方向性を持った攻撃や複雑な行為のなかに包含された攻撃行動といったものは実際には生じにくく、専門家からも、せいぜい非自発性の「引っ張る」「揺れる」「掴む」「押す」といっ

2　Treiman DM: Epilepsy and violence: medical and legal issues, Epilepsia,:27 , Suppl 2:S77-104, 1986.

た程度の行動しか出現しないのではないかという見解がなされるように
なった。▼3 そうすると、「引っ張る」「揺れる」「掴む」「押す」といった行動が、
思いがけず粗暴な行為につながり重大な結果に至る可能性はあったとし
ても、たとえば性犯罪をうまく遂行するとか、犯行様態が緻密であるとか、
あるいは相当な強い力で攻撃が行われているような場合には、犯行の機
序をてんかんだけで説明することは難しいようにも思われる。

そのようななかで、近年問題となっているのが本事例のような窃盗事件
である。窃盗行為であればそれほど複雑な行為の過程を経ることなく、
実行にあたっても強い力や攻撃性は不要であるから、てんかん発作時あ
るいは発作後のもうろう状態でも十分に遂行可能と考えられるからである。

本件犯行の分析

そこで、冒頭で述べた2つの着目ポイントにそって、本件を概観して
みる。

1 犯罪のパターン分析

資料によれば本件被告人には3回の前歴があり、そのいずれも窃盗事
件である。1回目は飲食店の事務所に入り財布を窃取したというもので
あり、懲役1年6月執行猶予付きの判決を受けている。2回目はコンビ
ニエンスストアで煙草を窃取したというもので、懲役10月の判決を受け
て受刑している。この経歴からすると、被告人には①反社会的な側面が
あり、②その表出パターンは「窃盗」という形態をとりやすいことがわか
る。そして、いずれの事件でも本人にとって必要と思われる物品を窃取
しており、窃盗行為そのものへの興奮などは明らかになっていないこと
から、「窃盗症（窃盗癖）」を疑わせる所見もない。

この事実を踏まえて本件をみてみる。まず、本件で窃取した物品はニッ

---

3 遠藤俊吉「てんかん」松下正明総編集『司法精神医学2　刑事事件と精神鑑定』（中山書店、
2006年）230〜235頁。

パー爪切り、ヘッドフォン、ゲームソフトの3点であり、被告人の生活様式や嗜好と解離する物品ではない。次に犯行の流れを時系列に並べてみると、被告人は店舗5階のゲーム売り場で「ゲームソフトを持ち帰りたい気持ちが生じた」ことを認めている。そして、自身のバイクの鍵でゲームソフトの入ったクリアケースをこじ開けようとしたが鍵が曲がって取り出すことができなかったため、2階に移動してニッパー爪切りを窃取し、再び5階に戻って防犯用のインシュロックを切断してゲームソフトを入手するとシャツとズボンの中に入れたという。この時に何かで手指を傷つけ出血したが、これに対する被告人の認識については鑑定書のなかでは触れられていない。そして、被告人はもう一度2階に戻り同じニッパー爪切りで防犯用のインシュロックを切断してヘッドフォンを窃取し、自身の頭部に装着したところで店員から声を掛けられた。ここまでの行動の流れをみると、たしかに行動の緻密さはないが、十分に合目的的で一貫性のある行動をとることができていたとも捉えることができる。

　さらに犯行後、店外に出たところで店員から声を掛けられると、「クリアケースは壊したがゲームソフトは戻して盗んでいない」と即座に弁明し、連行された控室では隙を見て開いていた扉と壁の隙間にゲームソフトを隠し、ニッパー爪切りは自身の靴の中に入れて隠した。これらの行動からは、少なくとも店員に声を掛けられた時点において自身の行動の意味を理解していたことが推認され、隠蔽行動についても責任回避を強く意識した行動であったと考えるほうが有力である。

2　「てんかん」という病態の分析

　次に、被告人は本件犯行時にてんかん発作に起因する意識障害が生じていたのかを検討するにあたり、診断と発作パターンに分けて確認する。

⑴　てんかんの診断

　被告人には本件犯行以前より複数回のけいれん発作が現認されており、それを裏打ちする脳波異常も複数回捕捉できていることから、「てんかん」に罹患していることは間違いないようである。

⑵　発作パターンの同定

　てんかん発作は病的部位からの過剰放電が原因であることから、その表出される発作のパターンは常同的で、繰り返し起こるはずである。被告人の過去の発作時の症状経過をみてみると、前兆あるいは小さな発作として気分不快感が生じ、その後、意識消失し強直間代発作につながるパターンと、けいれん症状は認められないが、意識が減損し一見まとまった行動をとりつつも外界への反応が遅く、理性は低下し、高度な作業ができない状態になるパターンがあるようである。

　これを前提に本件犯行時の症状を対比させてみると、被告人は当該店舗を訪れる前に気分不快感を呈し、食事を中断した。そして判決書内に記載された防犯カメラ映像によれば、店舗内ではゆっくりと体幹を揺らしながら歩行している時と、安定した歩行で周囲の様子を窺っている時があり、また、客が近づくとクリアケースをこじ開ける動作を中断する時もあれば、周囲に客がいても動作を止めなかった時もあったという。

　そうすると、おそらく本件犯行時には、以前と同様のパターンでてんかん発作が生じていた可能性が高く、けいれん自体は認められないものの、意識が減損した状態下で行動していた部分と意識が比較的はっきりした状態で行動していた部分があり、これらが数分単位で交代していた可能性が考えられる。

本事例からみた「てんかん」を鑑定する際の注意点

　最後にこれらの分析を踏まえて、本事例の精神鑑定書を土台として、てんかんが疑われる鑑定事例の際に注意しておきたいことについてまとめる。

　ひとつめは、てんかんの診断および発作パターンとそれに続く異常行動について、医学的かつ客観的所見から確認しておくことである。本事例では、過去の診療録や観察所見からもてんかんの診断に疑いはなく、発作パターンも概ね定まっており、これらの情報は精神鑑定書のなかでも詳細にまとめられている。しかし、ここまでの作業は通常の診察

業務で実施する内容であって、精神鑑定においててんかんと事件との関係をまとめるにあたっては、さらなる検討が不可欠となる。たとえば、epileptic defenceの条件としてあげられている5つの項目をみてみると、てんかんの自動症を抗弁とする場合には自動症により攻撃行動が起こりうることを脳波とビデオの同時計測により明らかにしておく必要があることが指摘されている[4][5]。しかし、本鑑定では脳波検査により発作波の捕捉には成功しているが、最も重要である発作時の行動の様子については一切触れられていない。必ずしも1回の検査で発作波や行動異常を確認することは難しいかもしれないが、少なくとも上述したような観点も踏まえて検査を実施したことを述べておくことは鑑定書の信頼性を担保する意味でも重要である。

　ふたつめは診断がつくこととそれが事件に影響を与えていたかどうかはまったく別の問題であるということである。本事例のように「てんかん」の診断があり、事件時に発作症状が出現していることが裏付けられるような場合であっても、自動症をはじめとする意識の減損下で起こる行動は、それまでの行為を継続するかたちでの単純な行動の連続であることのほうが圧倒的に多く、あるいはまた、理性や抑制力の低下によって抑圧していた本人の欲望や葛藤が行動化して表現されることも少なくないとされている[6]。そうすると、もともと意図して行っていた窃盗行為中に発作が生じたため、意識減損下においても行為を継続していたという解釈もありうる。もちろん過剰な解釈は最も危険である一方で、そうした仮説に反論するためにも生活歴や前科、本人の知的レベルやパーソナリティなどを総合的に精査しておくことは重要であろうし、どのような事例でも健忘の真偽や動機の有無および了解可能性への洞察は不可欠である[7]。その点で本事例の精神鑑定書はてんかんの診断や発作の有無といっ

4　前掲註2論文。
5　Delgado-Escueta AV, Mattson RH, King L et al: Special report. The nature of aggression during epileptic seizures. N Engl J Med305(12),711-726, 1981.
6　山内俊雄「てんかん・脳器質性精神障害と犯罪」松下正明総編集『司法精神医学3　犯罪と犯罪者の精神医学』(中山書店、2006年)232〜243頁。
7　福島章『精神鑑定──犯罪心理と責任能力』(有斐閣、1985年)。

た医学的所見のまとめのみにとどまっており、生活歴や前科の記載は一切なく、本件犯行時の記憶や動機等に関する問診記録も見当たらなかったことから解説にあたっては多くの疑問が残った。

このように、てんかんや認知症などとくに脳器質的疾患が疑われるケースでは確定診断を終えたところで不可知論的に解釈され、疾患から事件につながる機序についての分析がおざなりになることがある。しかし、「精神鑑定書」の本分とは、診断から導く法的解釈の見積もりではなく、多角的側面からその人全体を俯瞰して精神の障害と事件との関係を評価する作業である。たとえ健忘を訴えるケースであっても犯行までの背景や犯行時の様態等について根気強く問診を重ねることこそが正しい判決につながるのではないだろうか。

窃盗被告事件
（診断：前頭側頭型認知症）

横浜地判平27・10・15　LEX/DB25561019

前頭側頭型認知症に基づく人格変化や脱抑制の影響下による犯行が心神耗弱と認定された事例

報告論文

林 大悟　はやし・だいご　東京弁護士会

事案の概要

　本件は、80代後半の男性被告人によるマーカーマジックや絵はがきを対象とする万引き事案である。前刑の罰金刑から約1年4カ月後にデパートの文具売場でマーカーマジック等32点（販売価格合計4,798円）を万引きした事案であった。被告人は、65歳で有名企業を退職するまで定職に就き、社会的地位も高く、退職後も絵画などの趣味を楽しみ、約80年間、万引き行為を含む一切の反社会的な行動に及ぶことなく過ごしてきた。また、被告人は、事件当時、厚生年金を受給し、十分な資産を有しており、経済状況は安定していた。

起訴までの経緯

　被告人は、本件以前からアルツハイマー型認知症との診断を受けていた。被告人の妻は、本件で検察の呼び出しがあった場合、被告人がアルツハイマー型認知症に罹患していることを証する主治医の診断書を携えて検察庁に同行するつもりで準備をしていた。ところが、検察庁からの

呼出状が被告人（当時は被疑者）に届いた際、被告人は妻に相談せずに、単身、検察庁に出頭してしまった。

　本件を担当した検察官は、被告人との会話が一応成立したことと、被告人が万引きを認める供述をしたことから、被告人が認知症に罹患していることに気づくことなく、被告人を起訴してしまった。

受任の経緯と弁護方針

　被告人が起訴された後、被告人と同居する被告人の息子がインターネットで反復窃盗の問題を調べ、被告人がクレプトマニア（窃盗症、病的窃盗）なのではないかと疑い、クレプトマニア弁護を専門としている当職の事務所を被告人に紹介した。被告人は、みずから当職の事務所に電話を掛け、法律相談の予約を取った。

　当職は、面談をした結果、被告人の万引き行動の初発が80歳以降と遅いこと、認知症の診断を受ける以前の生活歴から認められる被告人の元来の人格と近年になって反復されるようになった万引き行為とは異質であること、近年は、平日の昼食に同じ飲食店で餃子一皿を注文すること、いつも決まった時間帯に同じルートを散歩しており、万引きする店舗もその散歩のルート内にある同じ店舗であることなどの常同的な行動、その他同居する妻から聴取した事情や面談時の被告人の言動から、被告人は前頭側頭型認知症または前頭側頭型認知症とアルツハイマー型認知症の合併ではないかと疑った。[1]

　そこで、まずは脳器質的障害に詳しい医師に意見書を作成してもらい、当職の見立ての裏づけが取れた段階で裁判所に精神鑑定を請求することにした。

1　前頭側頭型認知症を主としつつも一部アルツハイマー病の合併があり得ることは臨床的に良く知られている。この点、American Psychiatric Association編（髙橋三郎ほか監訳）『DSM- 5 精神疾患の診断・統計マニュアル』（医学書院、2014年）609頁によると、前頭側頭型認知症を示唆する症候群が現れている患者の10〜30％で、剖検においてアルツハイマー病病理が認められるとの記載がある。

公判段階

本件の公判の経過は以下のとおりである。

2014年7月3日　　横浜簡易裁判所に公判請求。
2014年9月10日　第1回公判期日
　　　　　　　　責任能力を争う旨の進行に関する弁護人の意見を述べる。
　　　　　　　　刑訴法332条により、横浜地裁に移送決定。
2014年9月16日　移送後の横浜地方裁判所で合議決定。
2014年10月20日　第2回公判期日（移送後1回目）
　　　　　　　　公判手続の更新。
2014年11月11日　第3回公判期日
　　　　　　　　被告人質問において、被告人は、本件の犯行日について記憶がないと述べたり、日時を特定して質問をすると、本件の犯行日を覚えていると述べるなど、矛盾供述が散見された。また、被告人は、1カ月も経過していないにもかかわらず、前回の公判期日のやり取りを全く覚えていなかった。万引の動機や理由も「だと思う」といったように想像で話していることは明らかであった。さらに、被告人は、過去に同じ店舗で万引きをした事実があるにもかかわらず、そのような記憶はないと述べ、本件で女性の警備員に声を掛けられた記憶も無かった。その他、被告人は、日常生活上でも記憶の保持が不良であることが明らかになった。
　　　　　　　　第3回公判期日において、当職は、被告人が前頭側頭型認知症に罹患している旨の私的鑑定医の意見書を添付の上、鑑定請求をした。
　　　　　　　　なお、私的鑑定の内容としては、被告人において、

　　　　　　前頭側頭型認知症、アルツハイマー病、脳血管性認
　　　　　　知症が示唆され、これらの疾患に罹患していること
　　　　　　で相互作用を生み出し、単独の症状の加算だけでは
　　　　　　すまない社会的逸脱行動に結びついている可能性が
　　　　　　高いとの意見であった。
2014年12月１日　第４回公判期日
　　　　　　検察は鑑定請求について不必要の意見書を提出した。
2014年12月11日　第５回公判期日
　　　　　　鑑定請求に対し採用決定。
2015年３月３日　第６回公判期日
　　　　　　鑑定人尋問。
2015年６月29日　第７回公判期日
　　　　　　鑑定書を取調べ。
　　　　　　鑑定人の証人尋問を双方申請。
2015年７月15日　第８回公判期日
　　　　　　鑑定人の証人尋問実施。
2015年９月７日　第９回公判期日（論告弁論期日）
　　　　　　検察官は、被告人を診察していない医師の供述を録
　　　　　　取した検面調書を証拠請求した。当職は、不同意の
　　　　　　意見を述べ、検察官は、同検面調書の証拠請求を撤
　　　　　　回した。また、検察官は、上記無診察医の証人申請
　　　　　　をした。当職は、「必要性なし」の意見を述べ、裁判
　　　　　　所は、検察官の証人申請を却下した。これに対し、
　　　　　　検察官は、異議申立てをしたが、異議申立ては、棄
　　　　　　却された。
2015年10月15日　判決期日
　　　　　　懲役８月執行猶予２年（心神耗弱）。

鑑定意見

　本件における鑑定人作成の精神鑑定書および鑑定人の公判供述の概要は以下のとおりである。

　被告人は、本件犯行当時、ピック病型認知症に分類される前頭側頭型認知症に罹患しており、これにより、脱抑制（状況に対する反応としての衝動性や不適切な感情表出を抑えることが不能になった状態、自制が利かないこと、周囲の状況を認識しながら場に合わせた振舞いが取りにくくなり、抑制が利かなくなること）や人格変化、常同的な傾向に支配されやすい状態がみられ、その疾患に基づく人格変化や脱抑制が本件犯行に影響を与えた。

　被告人の事理弁識能力に関し、本件犯行当時、被告人は、前頭側頭型認知症に伴う人格の変化の影響を多少は受けており、その発症以前ほどは保たれていないものの、物を取ることに対して窃盗であるとの認識はある程度持っていた。

　また、被告人は、本件犯行当時、前頭側頭型認知症の影響により、注意や判断、抑制を利かせるなどの機能をつかさどっている前頭葉の機能が落ち、自制や抑制が利かず、衝動の制御が困難な状態にあった。

　なお、被告人が罹患していたピック病型認知症に分類される前頭側頭型認知症は、欲求を抑えることは困難であるが、欲求に対しては合目的的な行動をとることができるのが特徴である。

　被告人の制御能力の障害の程度は著しいと推測されるが、極端な衝動行動が相当繰り返されているわけではないので、被告人に衝動制御能力がないとはいえない。

　被告人は、適切な医療、福祉、社会的援助を受ける機会を失っている。このことは、本件犯行に少なからず影響を与えたと考えられ、犯行を未然に防ぐという観点から、援助を受ける機会を確保することは今後重視されるべき点である。

判決

1 鑑定の尊重と責任能力判断

　裁判所は、鑑定意見の信用性について、「A医師（当職注：鑑定人）は、その経歴や過去の鑑定経験に照らし、精神鑑定の鑑定人として十分な資質を備えており、その公正さに疑問を抱かせる事情もない上、その鑑定手法や判断の基礎となる前提事実等に特に疑問を抱かせる事情はないことからすると、A鑑定の判断は尊重されるべきものと認められる」と判示した。そして、鑑定意見を前提として、被告人の前頭側頭型認知症が本件犯行に与えた影響の程度について検討した。

　まず、裁判所は、上記の鑑定意見を踏まえて、被告人が本件犯行当時、本件行為が窃盗という犯罪行為であるとの認識を有していたことを認定した。その上で、裁判所は、「このことに、本件犯行時に周囲から見えないようにして被害品をかばんに隠し入れていることや本件犯行直後に被害店舗の警備員から声をかけられた被告人が『万引きのことか。』と返答していることなども考え合わせれば、被告人は、本件犯行当時、善悪の判断は可能であり、事理弁識能力は著しく減退してはいなかったものと認められる」と判示した。

　次に、裁判所は、行動制御能力について、A鑑定を踏まえた上で、以下のとおり、検討した。まず、動機の了解性については、「確かに、趣味の水墨画の参考にしようなどとして欲しい物や必要な物を得ようとした動機については、直ちに了解不能であるとはいえない」と判示し、一定の動機の了解性を認定した。

　他方で、「しかしながら、被告人が、大学卒業後、65歳で退職するまで定職に就き、社会的にある程度の地位を有していた以上、退職後も趣味を楽しみ、前頭側頭型認知症を発症したと考えられる平成19年以降に万引きを繰り返すようになるまでの約80年間、犯罪行為を含む反社会的行動に及ぶことなく過ごしてきたという経歴、現在厚生年金を受給し、総資産数千万円を有しているという安定した経済状況等からすれば、物を欲しいという欲求のためにその手段として窃盗という行動に至る過程に

ついては、やや飛躍があるといわざるを得ず、被告人が前頭側頭型認知症のため欲求を自制することが困難な状態になっていたということを考慮して初めて合理的な説明が可能といえる。A鑑定も、この点につき認知症による抑制の欠如の影響を指摘している」と判示し、動機の了解性について、合理的に了解できない面があることを認定した。

裁判所は、こうした動機の了解可能性の程度に加え、「本件犯行が衝動的な犯行であること、本件犯行が前頭側頭型認知症の発症前の被告人の人格とは極めて異質であることなどをも考慮すれば、被告人の行動制御能力は、前頭側頭型認知症の影響により、かなり失われていたといわざるを得ない」と判示した。

2　前頭側頭型認知症の症状特性と行動制御能力の程度

その上で、裁判所は、被告人の行動制御能力が失われていた程度についてさらに検討を加えた。

まず、裁判所は、一見すると被告人の行動制御能力が十分に保たれていたと思われる事情を挙げ、「被告人は、本件犯行時、欲しい物を手にすると、周囲から見えないようにしてかばんに入れ、すぐにその場から立ち去ろうとするなど、合目的的な行動をとることができていたと考えられ、自己の行動を十分制御していたようにも思われる」と判示した。

他方で、裁判所は、「しかし、A鑑定によれば、被告人が罹患していたピック病型認知症に分類される前頭側頭型認知症は、欲求を抑えることは困難であるが、欲求に対しては合目的的な行動をとることができるのが特徴だというのであり、前記事実をもって行動制御能力があった根拠とすることはできないと考えられる」と判示し、前頭側頭型認知症の症状特性を踏まえて、行動制御能力の有無・程度を検討するべきことを明らかにした。

そして、裁判所は、「被告人が窃盗行為以外には犯罪行為に及ぶことなく日常生活を送ることができていた上、絵はがきを万引きせずに購入することもあり、欲求の実現に向けて違法行為を選択することなく適切な行動をとることもあったということなどに加えて、A鑑定が、被告人の

制御能力の障害の程度は著しいと推測されるとする一方、極端な衝動行動が相当繰り返されているわけではないので、被告人に衝動制御能力がないとはいえないとしていることも併せ考慮すると、本件犯行当時、被告人の行動制御能力が完全に失われていたとまではいうことはできず、著しく減退していたものと認めるのが相当である」と判示し、「被告人は、本件犯行当時、罹患していた前頭側頭型認知症のため、心神耗弱の状態にあったものと認められる」と心神耗弱を認定した。

3 量刑判断

裁判所は、具体的な量刑については、「本件の犯情の重さは、結果や態様の面では、同種事案の中で平均程度の部類に属するといえる」と判示しつつ、被告人の責任非難の観点からは、「被告人は、本件犯行当時、前頭側頭型認知症の影響により欲求に対する行動の制御が著しく困難になっていたのであるから、犯行の意思決定について被告人への非難可能性は乏しく、この点は刑を減じる事情として重視すべきである」とし、罰金前科2犯および複数の前歴がある点についても、その時期からしてこれらの犯行についても前頭側頭型認知症の影響がうかがわれるとして、責任非難を高める事情として量刑上重視すべきものとはいえないとした。

そして、裁判所は、検察官の懲役1年の求刑よりも短い懲役8カ月の刑を科した上で、猶予期間については、同種事案に比して短い期間である2年間が相当とした。

本判決の意義

万引き等の窃盗事犯は、その利欲的性質から動機の了解可能性が認定されやすい傾向がある。また、窃盗行為とは、他人の占有する物を「窃かに」自己の支配領域に移すという行為であるから、犯行発覚回避行動を必然的に伴うことが想定されており、犯行の合目的性や一貫性も認定されやすい。

そのため、万引き事犯においては、責任能力が問題となる事案はそれ

ほど多くはないと思われる。責任能力が争点となっても、鑑定請求が採用されず、完全責任能力と認定されることが少なくない。他方、被告人が罹患している疾病性が犯行に与えた影響を犯情として考慮し、再度の執行猶予判決を言い渡す例は枚挙に暇はない。

本判決は、鑑定意見の尊重を指向した最判平20・4・25（刑集62巻5号1559頁）を踏まえた正当な判断をしている。すなわち、本判決は、Ａ鑑定を採用し得ない合理的な事情はないことを確認した。その上で、本判決は信用できるＡ鑑定が診断した前頭側頭型認知症の症状特性や程度という視点から、被告人の犯行動機や犯行態様の意味を慎重に分析して、心神耗弱を認定したものである。

特に、本判決が、「前頭側頭型認知症は、欲求を抑えることは困難であるが、欲求に対しては合目的的な行動をとることができるのが特徴」だというＡ鑑定の意見を踏まえて、本件における被告人の合目的的な犯行態様の意義を相対的に低く評価し、被告人の行動制御能力の有無・程度を慎重に検討した点は、今後の実務の参考事例とすることができよう。

今後の課題

刑事裁判の現場では、被告人の前頭側頭型認知症罹患の有無について、医師の見解が対立することが少なくない。

当職が経験した事案では、当職が診断を依頼した私的鑑定医が前頭側頭型認知症、セカンドオピニオンの認知症専門医がレビー小体型認知症、被告人の従前の通院先の医師がクレプトマニア（窃盗症・病的窃盗）、裁判所選任の鑑定人がアルツハイマー病と、同一の被告人について、認知症罹患の有無または認知症の原因疾患の種類について、それぞれ異なる診断をした事案があった。

なお、認知症と加齢による認知機能の低下の違いは、日常生活の自立を阻害するか否かという曖昧な定義に依拠している。

刑事裁判においては、認知症の「過剰診断」も「過小診断」も決して許されることではない。認知症については、DSMなどの臨床診断基準の解釈

に関する医学的コンセンサスの形成が喫緊の課題であろう。

弁護士のコメント

田岡直博　たおか・なおひろ　香川県弁護士会

認知症者の責任能力

　ケース10-1のコメント原稿のとおり、反復窃盗者の責任能力が問題となる精神障害にはさまざまなものがある。「認知症」の影響が疑われることも、決して少ないわけではない。しかし、現実には、責任能力の減免が認められた裁判例は多くはない。その原因の一つには、「認知症」は進行性の疾患であることから、起訴後に訴訟能力が失われると、実体判決に至らないことがあると思われる（訴訟無能力と認められると公判が停止され〔刑訴法314条〕、検察官が公訴取消請求をすれば〔同法257条〕、公訴棄却の決定〔同法339条1項3号〕がなされるが、訴訟能力回復の見込みがなく公判手続の再開の可能性がないと判断される場合には公訴棄却の判決〔同法338条4号〕ができる〔最一小判平28・12・19〕）。ただし、心神喪失が認定できる場合には無罪の言い渡しをした裁判例もある（福岡高判令2・2・26季刊刑事弁護104号〔2020年〕116頁〔統合失調症〕等）。

　反復窃盗（万引き）事案で、「認知症」により責任能力の減免を認めた裁判例として、①神戸地姫路支判令3・2・24LLI/DB判例秘書登載（血管性認知症および統合失調症、心神喪失）、②新潟地判平27・4・15LEX/DB25561018（神経性無食欲症・低酸素脳症による認知症、心神耗弱）、故意または不法領得の意思がなかったとした事例として、③神戸地判平30・2・23LLI/DB判例秘書登載（アルツハイマー型認知症、故意または不法領得の意思なし）がある。

　また、精神鑑定を却下したことが違法とした事例として、④高松高判平28・6・21高等裁判所刑事裁判速報集平成28年293頁（前頭側頭型認知症。

ただし、差戻審の高知地判平29・8・7 LLI/DB判例秘書登載は、完全責任能力とした）、⑤広島高岡山支判令1・6・26 LLI/DB判例秘書登載（前頭側頭型認知症。ただし、差戻審の岡山地判令2・12・1 LLI/DB判例秘書登載は、完全責任能力とした）がある。

弁護活動のポイント

　本事例は、前頭側頭型認知症による人格変化や脱抑制の影響により、心神耗弱と認定された事例である。認知症の病理および本事例の分析は大澤達哉医師の論考に譲り、本稿では、弁護活動のポイントを二点指摘したい。

　第一に、林弁護士が「認知症」を疑ったことである。前述のとおり、反復窃盗（万引き）の原因となる精神障害にはさまざまなものがあるが、しばしば窃盗症（クレプトマニア）のみが問題とされ、その他の精神障害が見過ごされがちである。本事例でも、被告人の息子は、被告人が窃盗症であると疑って、林弁護士に相談している。しかし、林弁護士は、被告人の場合には、初回の窃盗が80歳以降と遅いこと、被告人の元来の人格と本件窃盗は異質であること、常同行動が見られることなどから、「認知症」（その中でも、前頭側頭型認知症とアルツハイマー型認知症）を疑っている。一般に、認知症のうち、アルツハイマー型認知症はよく知られているが、前頭側頭型認知症やレビー小体型認知症、脳血管性認知症は、あまり知られていない。しかし、（認知機能障害に加えて）前頭側頭型認知症では人格変化・脱抑制と常同行動、レビー小体型認知症では幻覚妄想、脳血管性認知症では記憶障害等とさまざまな症状が現れることがある。これらの症状が犯行に影響していると疑われる場合には、責任能力の減免が問題になり得る。本事例では、人格変化と記憶障害が、ポイントであろう。林弁護士は、「認知症」を疑うと、脳器質的障害に詳しい医師に意見書の作成を依頼し、精神鑑定を請求している。その結果、精神鑑定が採用され、鑑定人によって、ピック病型認知症に分類される「前頭側頭型認知症」と診断されるに至ったのである。もし林弁護士が「認知症」に気付かなけれ

ば、被告人の前頭側頭型認知症は見過ごされていた可能性が高い。そう
なれば、単に適正な量刑判断がなされないだけでなく、前頭側頭型認知
症の治療および支援が受けられなかったかもしれないのである。「認知症」
が発見されたことは、林弁護士の弁護活動の成果であると言ってよい。

　第二に、前頭側頭型認知症の特徴を踏まえて、「制御能力」（行動制御能力）
を問題にしていることである。ケース10-1のコメント原稿のとおり、一
般に、反復窃盗（万引き）の事案は、代金を支払わずに財産的価値のある
物を得ていることから、（表面的には）「動機は了解可能」「行動は合目的的」
などと評価され、責任能力の減免が認められづらい。本事例でも、動機
は「趣味の水墨画の参考にしようなどとして欲しい物や必要な物を得よう
とした」というものであり、行為態様は「周囲から見えにくいようにして
商品をバッグに入れる」というものであったとそれぞれ認定されており、
「動機は了解可能」「行動は合目的的」などと評価されるおそれがあった。
また、警備員から声を掛けられた際に「万引きのことか」と返答している
ことから、行為の意味や違法性を認識していたと思われ、弁識能力があっ
たことは否定し難いと思われた。しかし、本事例の鑑定は、「被告人が罹
患していたピック病型認知症に分類される前頭側頭型認知症は、欲求を
抑えることは困難であるが、欲求に対しては合目的的な行動をとること
ができるのが特徴である」という意見を表明していた。これを踏まえて、
林弁護士は、「制御能力」を争ったようである。判決は、「前頭側頭型認知
症のため欲求を自制することが困難な状態になっていた」ことから、「被
告人の行動制御能力は、前頭側頭型認知症の影響により、かなり失われ
ていたといわざるを得ない」と判断する一方で、「合目的的な行動をとる
ことができていた」ことは「行動制御能力があった根拠とすることはでき
ないと考えられる」と判示して、心神耗弱を認定している。これは、「制
御能力」の意義を、行為を遂行する能力ではなく、行為を思いとどまる能
力（前田巌「判解」最高裁判所判例解説刑事編平成20年度359頁）であるとの理
解を前提としたものと思われる。「認知症」による脱抑制（抑制の欠如）の
影響が問題となる事案では、制御能力の理解が鍵になると思われる（この
点に関し、東京高判平31・4・24判例時報2486号95頁は「刑事責任能力の判断

基準としての行動制御能力の本質は、自らが行おうとしている行為〔犯行〕が悪であることが判断できている場合に、その行為を行わないでいることができる能力であって、犯行ないしその準備行為を行うに当たって合理的に行動を制御する能力ではない」と判示していることが参考になる）。

精神科医のコメント

大澤達哉　おおさわ・たつや　東京都立松沢病院精神科部長

本件概要

　本事例は文具用品（約5,000円相当）を窃盗した高齢（80代）男性の被告人が前頭側頭型認知症のため心神耗弱の状態にあったとされたものである。本件精神鑑定では、被告人は前頭側頭型認知症のため、脱抑制・人格変化・常同的な傾向に支配されやすい状態にあり、制御能力の障害の程度は著しく、本件犯行に相当程度の影響を与えたと判断された。一方、検察官がその精神鑑定書に対する意見を求めた別の医師によれば、被告人は初期・軽度のアルツハイマー型認知症であり、弁識能力および制御能力に著しい低下はなかったと判断された。

　判決では、本件精神鑑定は尊重されるものとして、それを前提に事理弁識能力と行動制御能力が区別して評価された。事理弁識能力については、本件犯行当時人格変化の影響はあるものの、犯行時周囲に気づかれないように配慮している点、犯行直後に警備員に声をかけられると「万引きのことか」と答えた点などから、著しく減退していなかったとされた。そして行動制御能力については、被告人の生活歴（定年まで勤めあげ社会的地位もあること、犯歴などないこと）、万引きを繰り返すようになったのは前頭側頭型認知症を発症後であること、経済的にも十分安定していることなどから、本件窃盗は前頭側頭型認知症発症前の人格とは極めて異質であり、被告人の行動制御能力はかなり失われていたとされた。ただし、

日常生活の様子や極端な衝動行動が相当繰り返されてはいないことなどから完全には失われていたとは言えず、著しく減退していたものと判断された。

認知症の重症度と犯罪行為

　判決ではまったく触れられなかったが、本件精神鑑定に対する意見を述べた別の精神科医は、前頭側頭型認知症ではなく、アルツハイマー型認知症と診断していた。診断は異なるけれどもともに器質性の精神障害である点に変わりはない。着目すべき点は、この精神科医は被告人の認知症は初期で軽度であるから、事理弁識能力および行動制御能力に著しい低下はなかったと判断している点である。この点については注意が必要で、認知症についてのそもそもの理解が必要である。

　認知症は一般に物忘れや徘徊などがイメージされがちな病気であるが、進行して重症度が高くなると意思発動が障害され反応や活動性の低下により動くこと自体も困難となって寝たきりにもなる病気でもある。すなわち、初期であったり軽度であったりするからこそ犯罪を起こしてしまう可能性があり、その時期や重症度のみを根拠に犯行に影響を与えないとは言えないのである。特に前頭側頭型認知症はその病理学的な変化の結果、人格や行動の変化が認められるものであり、病態を理解した個別具体的な評価が必要である。

見せかけの了解可能性

　本件被告人のように、高齢であっても一人で外出し趣味を楽しんでいるような、一見日常生活が送れているような人で、犯行動機も犯行態様も表面的には了解可能な場合には、精神障害の存在が見逃されたり、精神障害の影響が過小評価されたりする場合がある。これを見せかけの了解可能性という。当然のことであるが、犯行動機や犯行態様が正常心理で理解できる（理解できそうな）ものであっても、精神鑑定においては常

にそれらに対する精神障害の影響を丁寧に検討する必要がある。

　本件の動機・態様も、ほしいものを見つからないように盗むという、一見合目的的で了解可能なものである。しかし、被告人は器質性の精神障害である前頭側頭型認知症であり、鑑定人が指摘したように「前頭側頭型認知症は欲求を抑えることは困難であるが、欲求に対して合目的的な行動をとることができる特徴を有する」という病態を理解すれば、本件態様は見せかけの了解可能性ということができ、単純に行動制御能力があったとはいえないことに留意しなくてはならない。

人格異質性

　判決では、事理弁識能力は著しくは減退してはいないが、行動制御能力は発症前の人格とは極めて異質であることからかなり失われていたとされた。

　本件のように行為の意味は理解しているが、行動が伴わない・制御できないケースは一般にもよくみられる。極端に言えば、多くの犯罪がそうであろう。それでも本件で心神耗弱とされたのは、認知症という疾患の特異性による。

　認知症は脳の器質的変化により発症することが同定された疾患であり、特に前頭側頭型認知症の場合、高次機能の中枢である前頭葉が主に障害されるため、その結果として人格や行動が変化することが病態として理解されている。よって、認知症と診断された人の場合、以前より盗癖があったり、反社会的な傾向があったりする以外は、疾患と犯罪行為の直接的な因果関係がある可能性が高まることになる。

　因果関係の有無・程度を評価するためには、その診断とともに人格異質性の評価が必要となる。脳の異常はその行動に現れるので、発症前後の生活状況や行動パターンを比較することで人格変化の程度を知ることができる。

責任能力判断における認知症とほかの精神障害との違い
——8ステップとの関連

　認知症は、統合失調症やうつ病、依存症、パーソナリティ障害などほかの精神障害とは、医学的な分類において大きく異なるものであることを理解しておく必要がある。

　それは、認知症（アルツハイマー型認知症、前頭側頭型認知症など）は生物学的な原因が特定されている「疾患（disease）」であり、他の一般的な精神障害の「障害（disorder）」とは異なるものであるということである。ちなみに、「疾患」とは原因が判明し病態が同一のものをいうが、精神医学でいう「障害」は「症候群（syndrome）」であり、原因がいまだ不明ながらも共通の病態に名前をつけ、分類したものをいう。[▼2]

　認知症も長年精神障害として扱われてきたが、医学の進歩に伴いその原因が判明し、単一疾患として扱われるようになった。従来用いられてきた国際的な疾病分類であるICD-10はICD-11に改定されるが、それにおいても認知症は神経疾患と精神障害の両方の章に記載されることになっ[▼3]ている。簡単に言うと、今や認知症は精神障害ではなく、精神症状を伴う神経疾患と言えるものである。

　岡田の提唱する8ステップ[▼4]では、診断よりも症状や状態像を重要視することを推奨しており、そのことは鑑別診断が困難な場合も多い「症候群」である精神障害の責任能力を評価するうえでは一理ある。しかし認知症の場合は「疾患」であることから、その原因と表出される症状・行動（たとえば犯罪行為）の因果関係がより明確となることがあるので、責任能力の評価においては診断の妥当性を検討することが必須となる。

　現在、厳密には認知症の確定診断は死亡後の剖検によってのみ下され、

2　風祭元「疾患名としての『症候群』の用法」週刊日本医事新報4725号（2014年）59頁。
3　松本ちひろ「ICD-11『精神，行動，神経発達の疾患』構造と診断コード」精神神経学雑誌123巻1号（2021年）42〜48頁。
4　岡田幸之「責任能力判断の構造と着眼点——8ステップと7つの着眼点」精神神経学雑誌115巻10号（2013年）1064〜1070頁。

生存中に確定診断することはできないが、診断基準を参照し、臨床的にかなり高い確率で認知症の診断が推定されなければ、その責任能力評価の前提が崩れることになるので注意が必要である。

おわりに

　認知症の精神鑑定例では、特に、診断が適切に行われているか、見せかけの了解可能性ではないか、発症前後で人格変化はないかの点に着目して犯行への影響を評価することが重要である。

　認知症を含む精神障害のほとんどは日常生活態度の変化から気づかれる。被告人の認知症を見逃さないために、弁護人が被告人の生活歴を調査し、ある時期からの不自然で違和感のある変化を認めたら、精神科医に意見を求めたり、精神鑑定を請求したりすることが必要である。認知症の場合はその診断が責任能力評価の前提として欠かせないので、認知症に関わる専門医の関与が望ましい。

　認知症は「疾患」であり、その原因と症状・行動の因果関係が、ほかの精神障害より強い可能性がある。ただし、認知症のケースすべてが慣例（Konvention）のような判断をされるものではないので、心理状態を含めた事例個別の詳細な評価はほかの精神障害と同様に必要である。

◎執筆者（五十音順）

精神科医

安藤久美子　（あんどう・くみこ　聖マリアンナ医科大学神経精神科学
　　　　　　　准教授）　ケース10-1

五十嵐禎人　（いがらし・よしと　千葉大学社会精神保健教育研究セン
　　　　　　　ター法システム研究部門教授）　ケース2・4・5

今井淳司　　（いまい・あつし　東京都立松沢病院精神科部長）　ケー
　　　　　　　ス3

大澤達哉　　（おおさわ・たつや　東京都立松沢病院精神科部長）　ケー
　　　　　　　ス8・10-2

紙野晃人　　（かみの・あきひと　国立病院機構やまと精神医療センター
　　　　　　　名誉院長）ケース6

椎名明大　　（しいな・あきひろ　千葉大学社会精神保健教育研究セン
　　　　　　　ター 治療・社会復帰支援研究部門特任教授）　ケース7

中谷陽二　　（なかたに・ようじ　筑波大学名誉教授）ケース1・9

弁護士

伊藤荘二郎　（いとう・そうじろう　東京弁護士会）　ケース8

金岡繁裕　　（かなおか・しげひろ　愛知県弁護士会）　ケース4

北村勇樹　　（きたむら・ゆうき　金沢弁護士会）　ケース3

久保有希子　（くぼ・ゆきこ　第二東京弁護士会）　ケース3

皐月宏彰　　（さつき・ひろあき　奈良弁護士会）　ケース6

菅野 亮　　（すげの・あきら　千葉県弁護士会）　ケース1・2・5

田岡直博　　（たおか・なおひろ　香川県弁護士会）　ケース1・7・
　　　　　　　10-1・10-2

中井淳一　　（なかい・じゅんいち　千葉県弁護士会）　ケース4

贄田健二郎　（にえだ・けんじろう　東京弁護士会）　ケース9

林 大悟　　（はやし・だいご　東京弁護士会）　ケース10-1・10-2

林 順敬　　（はやし・のぶたか　札幌弁護士会）　ケース8

平井浩平　　（ひらい・こうへい　岡山弁護士会）　ケース7

水谷恭史　　（みずたに・きょうじ　大阪弁護士会）　ケース2・9

森岡かおり　（もりおか・かおり　第一東京弁護士会）　ケース6

山本 衛　　（やまもと・まもる　東京弁護士会）　ケース5

裁判例集のダウンロードはこちらから

下のシールをを剥がして、QRコードをスマートフォンで読み取るか、URLをブラウザに直接入力してください。現代人文社ウェブサイト内のダウンロードページにアクセスできます。

※本データは、予告なく削除・変更・移転等が行われることがあります。

GENJIN 刑事弁護シリーズ 29

ケース研究 責任能力が問題となった裁判員裁判 Part2

2022年3月31日　第1版第1刷発行

編　者　日本弁護士連合会・日弁連刑事弁護センター
　　　　日本司法精神医学会・精神鑑定と裁判員制度に関する委員会
発行人　成澤壽信
編集人　齋藤拓哉
発行所　株式会社現代人文社
　　　　160-0004　東京都新宿区四谷2-10八ッ橋ビル7階
　　　　Tel 03-5379-0307　Fax 03-5379-5388
　　　　E-mail henshu@genjin.jp（編集）hanbai@genjin.jp（販売）
　　　　Web www.genjin.jp
発売所　株式会社　大学図書
印刷所　株式会社　シナノ書籍印刷
装　幀　Malpu Design（清水良洋＋高橋奈々）
検印省略　Printed in Japan
ISBN　978-4-87798-822-7 C2032
Ⓒ2022　日本弁護士連合会